À mon cher ami Severin Icard,
souvenir confraternel

Etienne Bellot

Nos Écrivains Marseillais

(BIOGRAPHIES LOCALES)

OUVRAGES PARUS DU MÊME AUTEUR

ÉTIENNE BELLOT

NOS

Écrivains

Marseillais

(BIOGRAPHIES LOCALES)

MARSEILLE

BARTHELET ET. Cie, IMPRIMEURS

Rue Venture, 19

—

1896

PRÉFACETTE

Pour n'être que la capitale de la Provence, Marseille compte un assez grand nombre de personnalités plus ou moins marquantes dans les sciences, les arts, les lettres, pour que se trouve pleinement justifiée la publication de ce livre.

Notre but est modeste : il consiste à grouper les biographies locales des hommes qui ont su creuser leur sillon, attirer l'attention de notre époque, et dont le public a le devoir de connaître la vie et les travaux.

Les échos journalitiques voient certes éclore dans notre cité de nombreuses publications; mais il en est peu parmi elles qui aideront aux investigations futures de l'historien, du publiciste ou du simple chercheur. Embrassant trop à la fois, c'est à dire, se morfondant en des généralités, elles étreignent forcément mal. Et par suite, la vie laborieuse, l'effort fécondant de tels de nos contemporains compatriotes, écrivains ou savants s'éteindront dans un précoce oubli, parce que le lieu de leur naissance, leurs œuvres souvent trop dispersées auront manqué d'un point de repère.

C'est cette lacune que nous nous proposons de combler.

Nous tenant en dehors de tout système, de tout parti-pris, non moins éloigné de la critique injustifiée que de la louange imméritée, nous aurons à cœur dans ces études, de rester consciencieux et vrai.

E. B.

MARSEILLE-LITTÉRAIRE

Il y a des marchands d'étiquettes littéraires : on a appelé Balzac un *magasin de documents ;* Hugo, *une force de la nature ;* Zola, *le chantre de l'épopée pessimiste de l'animalité humaine ;* Goncourt, un *bazar de chiffons et de diamants.* En tout, partout, toujours, la question d'étiquette joue un grand rôle, et il est des gens qui trouveraient un maître diminué s'il cessait un instant de pontifier en chef d'école.

Il fut un temps où les littérateurs marseillais crurent avoir besoin, eux aussi, de l'étiquette ; ils devinrent seulement *Jeunes* ou *Porticiens.* Quiconque était *Porticien* était nul pour tout ce qui était *Jeune* et vice-versa. Lorsqu'un *Jeune* rencontrait un *Porticien,* il enfonçait son chapeau, mais quand un *Porticien* parlait d'un *Jeune,* il disait : « Cet individu ».

Aux *Jeunes,* on aimait Richepin, Cladel, Vallès, qu'on n'aimait pas encore au *Portique,* où l'on s'attardait sur les pleurnicheries de Lamartine et de Musset, qu'on ne lisait plus aux *Jeunes*. De là, une nuance à noter en passant, et qui, le cas échéant, pourra guider les critiques de l'avenir, ceux du moins croyant à l'influence des milieux.

*
* *

Jusqu'en 1879, le mouvement littéraire marseillais se traînait dans deux ornières. Il y avait d'une part la petite presse, composée de gens écrivant dans des journaux modestes de théâtres ou de petits cénacles. C'étaient le *Bavard*, l'*Echo de Marseille*, la *Voix Universelle*, le *Peuple Artiste* et une foule de petites feuilles maintenant tout à fait disparues. Les rédacteurs de ces feuilles étaient : Horace Bertin, président du Syndicat de la Presse Marseillaise ; Albert Perrimet, directeur de l'*Etincelle;* Claude Rollo, l'auteur des paroles de *Spartacus*, un grand opéra dont le compositeur Monsigu fit la musique ; Tonnerre de Martel, romancier plein de brio, qui a fait sa trouée à Paris ; Camille Maupin, l'auteur des *Rimes folles* et de la *Vie en Ruolz;* Mauras, poète socialiste, qui s'est allié aux *symbolistes;* Bérenger, maintenant sous-préfet quelque part ; Joseph Mathieu, archiviste de la Chambre de Commerce, et enfin Joanne de la Madeleine, qui fonda, pour paraître deux ou trois semaines seulement, la *Vie Littéraire,* grand journal à prétentions esthétiques qui ne fit nulle sensation.

Ces plumigères, abstraction faite des véritables écri-vains du *cru,* se réunissaient au « Café de Paris », où ce n'était pas de littérature qu'ils causaient générale-ment, mais de femmes, d'amusements, et autres choses étrangères à l'art. Aussi, cette génération put posséder quelque cohésion entre les siens, mais elle ne fit rien pour le mouvement littéraire marseillais.

A peu près à la même époque, quelques membres d'une société littéraire, grossie de nouveaux venus à la vie des lettres, fondaient le *Portique.* C'était dans les premiers jours de l'année 1878; on s'était réuni dans un entresol fameux d'un café de la Grand'Rue, le « Café du XIXᵉ siècle ». Ce soir là, ils étaient neuf, et il s'agissait de donner un nom à la nouvelle société. Citons les noms, nous ferons connaître ensuite le parrain du *Portique.* C'étaient les deux frères Por-tenguens, qui donnaient des espérances,... déçues depuis; Michel Savon, qui tonnait ses *Indignations;* Trotebas, maintenant au *Radical,* ex-reporter au *Petit Marseillais;* Xavier Maunier, le spirituel chroniqueur du *Mondain* et de la *Toilette;* François Pélizza, auteur de quelques poèmes remarqués; Prosper Bloch, auteur du poème *les Deux Lapins;* Jean Lombard, mort tout récemment, un étrange et peu discipliné poète, dont nous avons ailleurs retracé la vie si bien remplie; puis un inconnu, un disparu, un effacé, dont le nom ne peut nous revenir en mémoire. On proposa que chacun des membres du groupe nouveau inscrirait sur un papier cinq noms à son gré. Total : quarante-cinq noms qui furent ensuite choisis soigneusement, triés, éliminés. Celui du *Portique*, présenté par Jean Lombard, eut les honneurs de la soirée et fut adopté à l'unanimité.

Jean Lombard désirait faire du *Portique* une Société d'avant-garde littéraire. Chacune de ses pièces de vers était combattue, vivement critiquée par les autres, qui n'admettaient pas les talents créateurs, les productions originales. Il se dégoûta de ces combats dans un milieu tout rhétoricien encore, car le *Portique* combattait les naturalistes, les Parnassiens, les nerveux poètes qui ont transformé la prosodie française. Il se lança dès lors dans le socialisme, devint agitateur, chef de parti ; son nom fut cité dans une foule de journaux, qui le représentaient comme un épouvantail, et ce n'est que plus tard que nous le retrouvons, heureusement, revenu à ses premières amours littéraires.

Or, à cette époque, le mouvement littéraire était renfermé dans le cadre étroit du *Portique* et de la petite Presse, fréquentant le « Café de Paris ». Un jeune homme devait créer un dérivatif au bouillonnant courant des intelligences, et surtout des rénovations d'art, que d'autres, trop tôt venus, avaient été impuissants à créer.

En 1879, Jean Blaize, qui avait dix-neuf ans, entra au *Portique* avec Léon Vian, mort à Panama en 1884. La Société, depuis 1878, s'était fort agrandie. Il y avait Pierroti, auteur de : *A bon chat, bon rat*, mort tragiquement, tué en duel ; Charreyre, un savant dont on n'a plus retrouvé les traces ; Alphonse Feautrier, auteur de *Corps et Ame* et de la *Mort de Delescluze*, pièce qui fut interdite par la censure ; Auguste Marin, auteur des *Chansons du Large* et de quelques romans ; Clovis Hugues, le député-poète, et une douzaine d'autres ayant apporté là une vitalité plus grande. Les anciens étaient débordés ; quand Blaize apparut, ce fut le coup de la fin : Le *Portique* se transforma.

Mince, l'air d'un éphèbe aux longs et fins cheveux blonds ; blanc de peau, un profil de Jeune Christ Byzantin, tel était Jean Blaize, alliant une grande froideur, une morgue même, à un enthousiasme tout Byronien : L'enthousiasme est surtout ce qui le caractérisa. Avec cela, il déclamait, peignait, bref, paraissait être le vrai artiste moderniste qui détonna dans ce milieu encore englué dans la rhétorique, rhétorique de pédants et de pions en liesses, qui faisaient des roues de paons quand ils lisaient leurs dictées émollientes. De suite la bataille commença entre les amis de Blaize, d'un côté, et les quelques pudibonds esvers classiques, de l'autre. On se caricaturait mutuellement, on se salissait, on méprisait avec plaisir les croyances et les enthousiasmes du voisin. Enfin, à la suite de violentes scènes de la part de personnages vertueux, incolores, mais non inodores du *Portique*, Jean Blaize, Vian et Marin donnèrent leur démission, pour créer un groupe : *la Sève*, qui se réunit dans un café de la rue Haxo, et qui devint bientôt après politico-socialiste.

La *Sève* devint exactement le contre pied du *Portique*. On y lisait des vers et on y discutait ferme sur toutes les questions. La caractéristique de ce groupe était d'être très avancé en art, d'accepter toutes les réformes de la phrase et du vers, d'applaudir à toutes les audaces, et surtout d'éviter la note vulgaire qui perd tant la province. Imaginez-vous un cénacle, comme celui que nous fait connaître Théophile Gautier dans ses *Jeunes Frances*, — c'était là la *Sève*. A une si écumante animation, il fallait un organe, et ce fut la naissance d'un journal qui prit le nom même du groupe, et eut les plus heureuses influences sur le mouvement marseilllais.

Jean Lombard avait dans le courant de 1880 fondé une librairie, rue Bernex, coin du boulevard de la Madeleine, où l'on ne vit jamais entrer un client, étant donné le vacarme des arguties et des chicanes qui s'entendait à plus de cinquante pas ; si jamais un acheteur s'était égaré, il eût été glacé d'effroi à l'aspect des truculents, beugleurs de tirades philosophiques, qui s'y réunissaient comme en une ménagerie.

Cette librairie était donc un petit magasin, placard plutôt, dont un entresol, aux minuscules fenêtres, avait juste la hauteur pour que la tête touchât le plafond. On y accédait par une échelle. Les amis de la *Sève-Société* firent de cette librairie les bureaux de la *Sève-Journal*, et de l'entresol, la salle de rédaction. Entre temps, on y faisait des armes ; au mur, on y inscrivait des vers, des satires, des maximes.

La *Sève* eut douze numéros : dix format journal, deux format revue, et mourut ensuite, comme toujours, faute de fonds. Nous y avons lu de larges articles d'esthétique, des poésies de Justinien Béraud, Léon Vian et Victor Lenoir, tous trois morts au moment où leur talent atteignait sa maturité ; des études de Jean Blaize, des chroniques de Ferrero, de Nandyfer, et de Xavier de Ricard, qui contribua à lui donner une note fédéraliste méridionaliste.

Jean Blaize se démena pour ce recueil, dont le programme demandait un art social, en dehors de la musiquette et du névrosisme habituels.

A ce moment des nouveaux adhérents entrèrent en lice : Fernand Mazade, le poète si mélancolique et si troublant ; Théodore Jean, qui faisait le

Pilori, journal très curieux par ses attaques mordantes et pimentées ; Jean Tribaldy, l'auteur du *Crime de Claude*, planant sur les ailes de ses hémistiches ; Georges Martz, poète mystique ; Jacques Martial, Pierre Badaio, Paul Guigou, mort tout récemment, directeur du Musée ; Auguste Clérissy, l'aîné, et enfin Valère Bernard, peintre et félibre, qui depuis s'est fait connaître par des œuvres remarquables.

Le groupe la *Sève* s'était donc élargi par la *Sève-Journal*. Un peu plus tard, lors de l'anniversaire de la naissance de Victor Hugo, le groupe entreprit la publication d'un opuscule : *la Sève à Victor Hugo*, composé de vers adressés au grand poète qu'on lui envoya tout uniment, car on n'y aimait pas les aplatissements.

La *Sève* se disloqua ensuite. Blaize voyagea, alla en Angleterre, à Paris, en Algérie, puis revint à Marseille en 1881 pour fonder un nouveau groupe : *Les Jeunes*, qui se réunit au *Cercle Esquiros*. Ce groupe rassembla les éléments littéraires vrais, en dehors du *Portique* et des journalistes du « Café de Paris. »

La *Ligue du Midi*, fondée par L. Xavier de Ricard, avait été l'organe du nouveau groupe ; puis l'*Echo du Midi*, dirigé par Mazade.

Blaize fit paraître dans ce journal ses *Jeunes Nouvelles*, très curieuses fantaisies sur les membres du groupe, voilées, mais fort peu, sous des noms d'emprunts, et dont la lecture jette une lumière sur tous.

En 1881, Blaize avait collaboré à *Vingt ans*, un excellent petit journal fondé par Elzéard Rougier, le féministe. — Sa forme devenait très serrée, se rapprochant de celle de Léon Cladel, avec lequel il entretenait de très amicales relations; sa phrase a une pointe archaïque, solide et très serrée, qui est sympathique.

Revenu à Marseille, il propose, en 1883, le titre de *Midi libre* à un nouveau journal que le groupe des *Jeunes* rêvait de fonder. Le premier numéro fit sensation : il renfermait de Jean Blaize un superbe article sur le *Néant dramatique*, une belle ballade de Valère Bernard : les *Emeraudes de la queue de la lune*, des *Contes à la Edgar Poë*, par Léon Vian, et un *Appel à ceux du Midi*, de Jean Lombard.

Le *Midi libre* fit place à la *Revue provinciale*, laquelle devint plus tard la *Revue moderne*, sous la direction personnelle et unique de Jean Lombard, qui à partir de ce moment se sépara des *Jeunes*.

Le groupe se décomposa. Jean Blaize partit pour Paris, où il est en passe de célébrité; Ferrero, alla faire de la propagande socialiste à Toulon, où il est actuellement maire et conseiller général; Auguste Clérissy, alla polémiquer à Brest, où il dirige maintenant un journal très important. Le service militaire enleva tour à tour Georges Martz, Jacques Martial, Théodore Jean ; puis les autres se dispersèrent dans des revues plus ou moins graves et des feuilles plus ou moins éphémères.

Albert Jhounet, Guigou, Mazade et Tribaldy, fondèrent la *Revue Moderniste,* qui eut un franc succès, non seulement à Marseille, mais dans le mouvement littéraire français. Ce fut le chant du cygne des *Jeunes,* le dernier acte de vitalité de ce groupe, groupe batailleur et sublime à la fois, laminoir intellectuel qui fit éclore tant de personnalités marquantes et prédestinées.

*
* *

Depuis, il y eut bien quelques tentatives de création de groupe, mais elles n'eurent aucun résultat appréciable ; il manquait toujours aux initiateurs cette énergie propulsive, qui est la mère des grandes choses.

C'est ainsi que vit le jour le groupe du *Dalhia bleu,* sorte de Salon Rambouillet, qui parut un moment de taille à réunir les éléments épars du mouvement littéraire marseillais. Mais ce fut un rêve vite évanoui, les dandys à cravates fraîches et à pointus vernis qui avaient envahi ce groupe évacuèrent des jugements et des théories tellement prud'hommesques, que les quelques artistes qui s'y étaient égarés s'en séparèrent avec éclat.

*
* *

Les *Mardistes*, autre groupe littéraire, fut fondé à la suite de la déconfiture du *Dalhia bleu*. Ce groupe, fit donner des conférences par Catulle Mendès, Paul Arène, etc., etc., mais n'imprima pas la griffe de son autorité dans les masses amorphes des littérateurs. Néanmoins cette société, qui existe encore, amena des vocations et fit éclore quelques poètes qui se feront une place dans la littérature contemporaine.

*
* *

Maintenant, faut-il parler du Cabaret de la *Lune Rousse*, qui n'est qu'une imitation du *Chat noir* de Paris ? Faut-il s'arrêter aux dissidents de la *Chauve-Souris*, laquelle ne vécut que quelques soirées, malgré ses interprètes et ses bailleurs.... de fonds ? Non, n'est-ce pas ! Du reste toutes ces tentatives, assez littéraires et qui auraient pu grouper les poètes de la région, ne furent pas encouragées par la presse se disant littéraire, qui garda le silence des acropotes.

*
* *

Voilà le mouvement littéraire marseillais esquissé à peu près dans son ensemble. Nous n'avons pas voulu remonter à la génération de 1830, qui compta à Marseille des écrivains illustres, qui influèrent puissamment sur le mouvement romantique de cette époque. Pour ne pas être incomplet, nous les citerons dans un défilé rapide et succinct.

*
* *

AMÉDÉE ACHARD, né à Marseille en 1814, mort en 1875, critique spirituel et plein de courtoisie. Publia plus de cinquante romans et des pièces de théâtres qui firent du bruit.

*
* *

JOSEPH AUTRAN, de l'Académie française, né à Marseille en 1813, mort en 1877, auteur des *Poëmes de la mer* et de tant de volumes aux pages émouvantes et aux élans lyriques. Un des rares poètes qui chanta la beauté avec une grande franchise de sentiment et d'allure.

*
* *

LOUIS AUDIBERT, né à Marseille en 1797, mort en 1861, fut secrétaire du célèbre Chateaubriand, et laissa des œuvres remarquables, notamment des pièces de théâtres et des odes.

*
* *

MARIE AYCARD, célèbre polémiste, né à Marseille

en 1795, mort en 1859 ; fit un *Recueil de ballades et chants populaires de la Provence*, des nouvelles, des vaudevilles et des traductions d'ouvrages espagnols.

*
* *

AUGUSTE BARTHÉLEMY, poète satirique, né à Marseille en 1796, mort en 1867, publia les *Némésis*, les *Nouvelles Némésis* et autres satires d'une extrême virulence et d'une grande sonorité. C'est lui qui a écrit le vers fameux :

L'homme absurde est celui qui ne change jamais.

CAPEFIGUE, JEAN-BAPTISTE, historien, né à Marseille en 1803, mort en 1860, auteur de l'*Histoire constitutionnelle et administrative de la France*. Ses écrits de polémique et de circonstance, composés avec autorité et verve, se lisent encore de nos jours.

*
* *

LÉON GOZLAN, auteur dramatique, né à Marseille en 1803, mort en 1866, fit paraître une série de romans où il étudiait avec finesse les différentes positions sociales. Son style est original, plein d'une verve ironique, parfois un peu amère, alliée à un esprit paradoxal et amusant.

*
* *

Joseph MÉRY, né à Marseille en 1798, mort en 1866, débuta dans la littérature par le journalisme politique et écrivit de nombreux et virulents articles contre la monarchie. Publia des nouvelles, des romans, des œuvres dramatiques qui eurent de grands succès. Il avait le talent de conter, et ses romans sont le fruit d'une imagination féconde et spirituelle.

*
* *

Marc MICHEL, vaudevilliste, né à Marseille en 1812, mort en 1868, collaborateur de Labiche, il obtint ses principaux succès au *Palais Royal*, où ses pièces faisaient sensation.

*
* *

Marie RAYBAUD, membre de l'Institut, né à Marseille en 1799, mort en 1879. Publia des œuvres socialistes et des romans qui sont restés populaires, notamment *Jérôme Paturot à la recherche d'une position sociale*.

*
* *

Adolphe THIERS, historien et homme d'Etat, né à Marseille en 1797, mort en 1877, écrivit une *Histoire de la Révolution Française, du Consulat et de l'Empire* et une série de livres qui témoignent d'un grand travail d'érudition.

*
* *

On le voit, les Marseillais tinrent un bon rang dans le mouvement romantique, et, par le talent, même ils le devancèrent.

Mais il est temps dé clore cette étude déjà trop longue et de parler des modernes, qui, s'ils n'ont pas la consécration encore, marchent d'une belle allure pour ne pas démériter des ancêtres.

CHARLES AUDIBERT

Journaliste disert et fortement animé d'énergie combative, est le président du Syndicat des Journalistes Marseillais. Quoique le faix des ans s'appesantisse chaque jour sur lui, il semble, en sa longue pratique de la vie journalitique, toujours ponctuel et précis, exceller davantage sa précieuse fécondité en de maîtres articles des choses locales et municipales.

Doué d'une mémoire fidèle meublée de renseignements de toute nature, ardent polémiste, il sait, d'une pointe acerbe et ironique, démonter l'assurance de ses adversaires et de ses contradicteurs. Luttant pour ses idées, pour ses appréciations, avec une opiniâtreté curieuse, défiant la contradiction la plus documentée, attaquant ce qui était inattaquable, criant les mots, les noms, son énergie jamais lassée permet à l'astucieux écrivain de cacher, dans de fines et discrètes allusions, des coups de griffes qui trop douloureusemeut se ressentiraient.

Né à Marseille, le 2 novembre 1831, Ch. Audibert fut tout d'abord ouvrier menuisier, puis, plus tard, négociant en bois. Enfin, de 1860 à 1870, nommé directeur des services des cimetières ; athée, il sut laïciser avant l'heure les cimetières, et ce, par un conflit administratif habilement soulevé. Ayant été un des premiers à se réveiller de la lourde inertie que l'Empire imposait à la pensée libre, il ne tarda pas d'entrer comme co-propriétaire au Phocéen, au Messager de Provence, puis à la Tribune, et bientôt après comme coactionnaire à l'*Egalité*, qu'en l'année on lui vit définitivement acquérir, tenant, dans ce dernier organe, vaillamment tête à l'équipée du 16 mai. Condamné quatre fois pendant cette période de lutte, il dut pour des raisons majeures changer le titre de son journal qui s'intitula dès lors *Le Radical*.

Poursuivant à travers le tumulte des théories la réalisation d'un certain idéal, *Le Radical* ne cessa de mener le bon combat. C'est en vain que les Brunetière clamèrent la faillite de la science et la résurrection des vielles Fois ; Audibert n'en poursuivit pas moins son programme d'instruction libre et de laïcisation. A ceux qui, lâchement attaqués, avaient à riposter à d'indignes calomnies lancées par les organes cléricaux, toujours il ouvrit largement les colonnes de son journal.

Mais là seulement n'était pas l'affirmation de ses sentiments. L'œuvre si généreusement utile de *La Lingerie des Pauvres*, fondée sous les auspices de *L'Association des Journalistes Marseillais*, doit en grande partie à Ch. Audibert sa brillante réussite. Il est, croyons-nous, aujourd'hui inutile d'insister sur le caractère d'utilité que revêt cette œuvre éminemment humanitaire, nombreux sont les services qu'elle a rendus à la classe malheureuse, depuis sa formation. Puissant contraste des institutions religieuses, elle se dresse devant elles, faisant ressortir toute l'humiliation des annonces obstensiblement données et sera comme le couronnement de la vie du journaliste et de l'anti-clérical.

HORACE BERTIN

(SIMON BENSE).

Un universitaire distingué, M. Edouard Petit, a écrit dans le *Mot d'Ordre*, de Paris, une charmante chronique, sur ce qu'il appelle l'*Ecole Marseillaise*. Bien que nous n'acceptions pas le titre d'*Ecole*, où veut nous encadrer notre bienveillant confrère, nous voulons rendre hommage à sa cordiale attention et le remercier pour sa confraternelle sollicitude.

Cela dit, M. Edouard Petit se trompe en annonçant que les *littérateurs Marseillais forment une Ecole Littéraire,* qui serait alors une sorte de Cénacle ayant des Pontifes et des Sous-Diacres, huîtres et perles mêlées ! Certes, la médiocrité autoritaire s'y étale assez chiennement, mais il serait absurde de les étiqueter et de les confondre avec les quelques écrivains de race que possède notre région.

Le mot d'*Ecole* nous heurte tellement, nous Méridionaux, qui avons les tempes agitées, l'esprit en coup de vent, que nous nous y trouverions mal à l'aise, cette *Ecole*, fût-elle *Marseillaise*. Marseille, ô Edouard Petit, compte de vigoureux tempéraments littéraires, ayant des théories souvent antipodiques, et ne peut pas plus être taxée d'*Ecole* que ne le serait logiquement une *Ecole* Parisienne confondant Paul Verlaine et Renan, Josephin-Peladan et Sarcey. — N'oubliez pas, cher et bienveillant confrère, que les impressions musicales varient selon les tempéraments, et que, partant, les impressions littéraires cavalcadent à l'infini des goûts et des tendances.

Cette digression nous était nécessaire pour présenter sous son vrai jour une personnalité que des adversaires peu clairvoyants accusent de trôner en Pontife dans l'*Ecole Marseillaise.*

*
* *

Horace Bertin est né à Marseille, le 29 octobre 1842, en plein quartier Saint-Jean, dans le cœur du Vieux Marseille, où s'écoula sa première enfance. Son nom de famille est Simon Bense, et il ne le troqua contre celui de Bertin que pour signer une petite fantaisie pleine d'humour qu'il apporta au *Phocéen : Mademoiselle Clarisse.* Ce fut son premier essai (1860) et il était encore sur les bancs du lycée.

Du *Phocéen,* il passa à la *Publicité,* et fonda plus tard l'*Echo de Marseille* et les *Tablettes Marseillaises,* où sa plume vive et fine se tailla une place bien marquée.

Il jouissait déjà d'une charmante réputation locale quand il lança *Marseille Inconnu,* un volume de prose qui est un vrai bijou littéraire. Il donna peu de temps après l'*Histoire anecdotique des Cafés de Mar-*

seille, livre plein de détails et de descriptions; *le Cochon de Madame Chastreuil*, nouvelle, qui lui valut un charmant feuilleton de Théodore de Banville dans le *National;* et le *Figaro* publia *Char-à-Bancs*, qui fut fort goûté par les lettrés.

Puis, ce fut les *Coins de Marseille*, douze études de la plus minutieuse, mais rigoureuse exactitude. Bertin, qui était déjà en relief par ses volumes précédents, montra en ce dernier son sentiment délicat de la nature et sa puissance d'observation. Un an après, *Marseille Intime* et les *Heures Marseillaises*, qui en furent le complément.

Ces ouvrages où vit et palpite le Tout-Marseille seraient plus que suffisants pour assurer une brillante réputation à Horace Bertin. Nul plus que lui n'aime son pays natal, et il pousse parfois très loin son orgueil de Méridional et de décentralisateur.

Bustes et Masques est le titre d'une jolie plaquette contenant deux douzaines de portraits littéraires finement troussés, largement dessinés, où passent avec crânerie, peintres, littérateurs et artistes marseillais. Cette plaquette, publiée vers 1880, prouve la grande compétence artistique de Bertin et donne une idée sûre de son ampleur critique. Ce fut, ensuite, un vigoureux conte gaulois : *Le Furoncle*, qu'édita avec luxe le père Laveirarié, et qui est devenu introuvable.

Enfin, c'est les *Croquis de Provence* et les *Marseil-*

lais, ses deux derniers volumes, en lesquels Bertin montre encore, sous l'apparence de sa modestie, son esprit charivarique et sa clairvoyance artistique. Il a le sens ironique très développé, et il sonde les situations cocasses ou mystiques pour les fixer en son style d'observateur passionné.

Nous qui ne prenons pas les auteurs pour de vulgaires joueurs d'orgues, cabriolant sous les variations instrumentales du verbe, nous devons nous arrêter un instant sur cette œuvre de fine observation.

Les *Marseillais* n'est pas un livre où viennent défiler les piliers de boudoirs ou les avortons du monde radotant ; ce n'est pas une scène où viennent arlequiner les optimistes qui, les pieds et le reste au chaud, lancent des complaintes sur leur âme et tournent la manivelle de la concorde universelle ! C'est encore moins un *Eden*, où des mystiques, l'imagination en baudruche et l'œil au ciel, se balladent dans les étoiles ! C'est un livre de spirituelle observation, une peinture de mœurs en prose, reflétant les vices et les défauts des usages et coutumes de notre pays de soleil.

En somme, tout Marseille défile en ce livre, depuis le point de la ville où étourdissent les orgues de Barbarie, les accordéons, les orchestres enragés les soirs de bals, jusqu'aux rassemblements aux portes des ménageries et des musées anatomiques ; les bruits des cirques, des tirs au pistolet ; le coin des dépenaillés, des humbles de la vie nomade, qui la nuit trouvent leur gite dans les endroits solitaires. Tout cela est fixé en un style communicatif, clair, concis. Les mille et un détails de la vie Marseillaise sont dépeints avec une verve endiablée. Rien n'échappe à sa fine ironie, à son éclat de rire ! Sa pensée active, cherche, scrute, analyse pour fixer l'impression reçue avec une sûreté de main magistrale.

Bertin a publié tout dernièrement encore un petit opuscule sous le titre : *Souvenirs de Jeune Littérature.*

Cette étude, très évocatoire et d'un grand accent de vérité, contient de très curieux renseignements sur la vie artistique en Provence et nous fait assister aux vicissitudes d'un groupe de journalistes au milieu desquels Bertin a fait ses débuts.

Avec le style agile, coloré qu'on lui connaît, avec l'esprit qui le caractérise, il évoque grandiosement le souvenir de Murger, qui, on le sait, exerça une influence extraordinaire sur les littérateurs de la Provence. Puis, durant quelques pages, il dit hautement clair sa sympathie pour les *Jeunes* et son mépris pour les vieilles perruques qui entravent la libre manifestation de l'art.

« Peu importent les aspirations et les influences d'école auxquelles vous obéissez, s'écrie-t-il, vous vous affirmez, et cela suffit. Seulement — permettez-moi de vous donner ce conseil — éloignez-vous le plus possible des solennels, qui, sous prétexte de faire bonne garde autour des traditions, ne savent contempler que leur nombril. Ceux-là n'aiment pas les *Jeunes*, parce qu'ils ne l'ont jamais été eux-mêmes. Ils naissent avec des rides au cœur et s'essayent déjà à prendre une attitude, en mordant le sein de leurs nourrices. Ils demeurent toute leur vie drapés dans une dignité risiblement sacerdotale et se croiraient déshonorés s'ils s'égaraient jamais dans le domaine du caprice, de l'imprévu, du fantasque et de la fantaisie. Mais je crois inutile d'insister, car je sais pertinemment que je prêche à des convertis. »

Horace Bertin, cependant, tout en étant avec les *Jeunes*, s'éloigne du mysticisme des décadents et des matérialités du réalisme épique. Il pense qu'il y aura toujours de l'excès dans les choses nouvelles, et surtout en littérature ; que l'ardeur des combattants sera toujours enthousiaste devant l'indifférence des béats, mais que certains *Jeunes* de notre ville poussent un peu loin la fumisterie, produit de la déliquescente névrose. « L'art est dans la vie, et non ailleurs » écrit-il quelque part ; et il étreint les détails de la vie avec la poigne de son analyse vigoureuse. Par sa puissance d'observation, il appartient aux *documentaires*, c'est-à-dire à ceux qui dressent des créations, produisent des faits, au lieu de chanter les niaiseries et les puérilités.

Telles sont les réflexions à nous suggérées par la

plaquette de Bertin, qui est surtout une sorte de manifeste en faveur des *Jeunes* pour retremper leurs espoirs, affirmer la légitimité de leurs tendances, tout en donnant une impulsion nouvelle aux idées de décentralisation littéraire.

Pour conclure, nous dirons qu'Horace Bertin est président du *Syndicat de la Presse*, depuis sa fondation, qu'il est chevalier de la Légion d'Honneur, et qu'il jouit d'une estime générale que ses adversaires mêmes ne songent pas à lui contester.

Il est actuellement rédacteur au *Sémaphore*, où il donne tous les jours une revue de la presse littéraire, ainsi que des chroniques poivre et sel. Il continue aussi sa collaboration charivarique au *Bavard*, dont il a fait exclusivement la première page pendant longues années, et avec un tel esprit et une telle réserve, qu'il n'a jamais froissé personne.

Il prépare pour cet hiver un nouveau volume intitulé : *Notes d'un Paresseux*, livre à la fois d'artiste et de moraliste et dont le *Figaro* a déjà donné de larges extraits.

FERDINAND BENET

Nature primesautière, pleine d'entrain et d'élan, il faut, à son exubérance d'aristophane marseillais, des Cléons à siffler, des Labés à mordre, bien que ce soit sur les tréteaux phocéens qu'il exécute nos ridicules locaux.

D'un physique sympathique et d'un commerce très agréable, il unit à une intelligence des plus déliées un cœur exquis. Sa conversation est pleine de finesse, de saillies spirituelles, assaisonnées d'un aimable sourire, lequel jette de lumineux reflets sur sa physionomie mobile. L'humoristique et le dramaturge percent à chaque parole en traits piquants, en anecdotes intéressantes.

S'il n'est pas un philosophe stoïque, il n'est pas davantage un sceptique railleur. Mais, comme tous ceux qui ont vécu et ont su profiter des leçons de l'expérience, il connait son époque et les hommes. Il sait que les gens de cœur sont rares et qu'il faut faire peu de fond sur les êtres « ondoyants et divers » qui ajustent leurs actions et leurs jugements à leurs intérêts personnels. Cette immense comédie humaine, Benet la met à la scène après l'avoir ramassée dans la rue. Il ne se contente pas de monter des pièces, il monte même des théâtres, et nous croyons, pardieu bien, qu'il finira par monter un jour lui-même sur les planches.

Ferdinand Benet est né à Marseille, le 20 septembre 1864, et y fit ses études. Constamment exposé à l'action brûlante de notre ciel méditerranéen, son cerveau s'y est tellement imprégné de soleil que les théories les plus nuageuses des philosophes, infusées dans son esprit par le lycée, n'ont jamais pu obscurcir les rayonnements qui éclatent en auréole autour de son front.

Ce qu'il a tiré de feux d'artifices dans tous les journaux hebdomadaires serait difficile à dire. Homme à la mode, il était pour ainsi dire indispensable au *Mondain,* journal friand de nouvelles. Puis il promena sa verve dans les colonnes du *Bavard,* où il se tint constamment à la hauteur d'une belle originalité. Il piqua dans l'*Oursin*, et ailleurs encore, sous divers pseudonymes, les lumineuses étincelles de son esprit pétillant. Ensuite, il éclaira pendant six ans au *Séma-phore,* tout en se prodiguant un peu partout, car il possède les qualités de la fulgore, la nature du papillon.

Mais son esprit se trouvant trop à l'étroit dans les filets d'un journal, il rêva d'un champ plus vaste où il pourrait librement donner carrière à son imagination. Il se fit impressario !

« Je croyais réussir, avoue-t-il, en faisant du *Gym-nase* un *Théâtre Français* ou tout au moins un *Odéon.* Erreur complète, illusions perdues ! »

Nous ne voyons pas bien, en effet, le succès que risquait d'obtenir une innovation si artistique dans une ville où les denrées coloniales sont, pour beaucoup, le dernier mot de l'intelligence et du progrès. Volontiers nous consentirons à faire des exceptions, mais les exceptions sont-elles suffisamment nombreuses pour faire doubler le cap du succès à une aussi intéressante entreprise ? Il paraît que non, puisque les événements ont justifié notre pessimisme, aux dépens de tant de bonnes volontés, dignes d'un meilleur sort.

La direction Benet fit pourtant des prodiges de bonne volonté et de sacrifice. Certains essais de décentralisation furent même de merveilleuses trouvailles : C'est grâce à Benet que nous avons pu voir et juger au Gymnase la « Comédie Française, » ce refuge de bon ton et des hautes traditions dramatiques. Mais rien n'y fit; la béotie triompha. Le Gymnase perdit son atticisme et Benet son titre et ses fonctions de directeur.

Cependant, quand on a sur la conscience trente et quelques comédies, vaudevilles, saynettes, revues, etc., etc., consacrés par la vogue, estampillés par le succès, il serait immodeste d'accuser le sort d'ingratitude ! Et Benet est le père de tout cela, car il est avant tout et par dessus tout auteur dramatique.

Le *Gymnase,* les *Variétés,* l'*Alcazar,* dont il eut la direction, ont désopilé la rate de leurs habitués avec ses pièces : *Marseille-Revue, Marseille à fond de train, Tout Toulon sur le pont, Tout Marseille à l'Alcazar, le Tour du Monde d'un Marseillais,* etc., etc. Benet excelle à fixer l'impression reçue, avec la fidélité d'une plaque sensible, et c'est ainsi qu'il s'est acquis son étonnante réputation d'actualiste.

Dans ces diverses créations, il se montre gaulois matiné de latinisme, sans verser dans l'excès. Il est gai, amusant, comique de bon aloi, et, en dépit de ses grosses lunettes, M. Prud'homme ne trouverait pas à se scandaliser.

Ferdinand Benet, malgré qu'il ait tenté, sans grand succès, de faire du réalisme, ne se complait jamais dans les abaissements d'une littérature courante. Ses audaces ne dépassent pas une sobre mesure. La foule aiguillonnée de désirs maladifs n'est pas, avec son front de marbre, l'insensible statue qu'il peut faire rougir !

Point de mets trop excitants, de théories surépicées, capables de dépraver le palais délicat, Benet aime, au contraire, à diriger un coup de vent salubre à travers tous les brouillards malsains qui distillent la fièvre au sein des sociétés. Si parfois une arrière mauvaise pensée traverse la trame d'un de ses épisodes... c'est parce que les mauvaises pensées sont généralement assez agréables. Et le peuple aime, dans le discours et le dialogue, cette franchise énergique qui peint avec force les sentiments et les sensations. Seul, le langage des diplomates est circonspect; et, au théâtre, par le temps qui court, la meilleure diplomatie c'est presque la rudesse.

Enfin, à travers cette glose où la critique n'exclut pas l'éloge, Benet, on le voit, a su triompher des fausses situations créées par le sujet et le public de ses pièces.

Il fut directeur de l'Alcazar, où il a donné à cet établissement une vogue qui faisait défaut depuis quelques années. Mais il n'est pas homme à s'endormir sur les lauriers qu'il a pu recueillir, ni dans les guirlandes de fleurs qu'on lui a tressées; il ne pliera point sous le fardeau, et il trouvera le temps de faire encore des pièces.

Il prépare, en effet, une revue de fin d'année pour son établissement et l'on peut s'attendre comme toujours à une grêle d'épigrammes, de réparties heureuses et de drôleries tirées de l'inépuisable type Marseillais. Si vieux que soit le thème, Benet le domptera, le pliera à son gré, le rajeunira, l'imposera par le charivaresque de son style, la richesse des situations, les ressources de son esprit. Le genre de Benet, c'est presque l'impromptu, en matière dramatique. Attendons-nous donc à une nouvelle surprise pour cet hiver.

THÉODORE BLANCARD

Par ses études sur différents auteurs, poètes ou littérateurs de la Grèce moderne et de l'Orient musulman ; par les narrations de faits par lui entrevus, lors de son séjour en Afrique, faits dûment constatés, ne se localisant pas en des irréalités, la forme littéraire de M. Théodore Blancard, toujours sûre d'elle-même, le place parmi nos historiens, faisant marcher de pair une juste vérité avec une juste réalité.

Né à Paris, il fit une bonne partie de ses études au Collège de France et à Louis-Le-Grand. Tout jeune encore, bénéficiant d'une dispense d'âge, pensionnaire de l'Ecole Nationale et spéciale des langues orientales vivantes, il sut, par la profondeur évocatrice de ses premières études, ne jamais sortir de la solide esthétique que lui avaient inculquée des maîtres qui, aujourd'hui disparus, ont brillé au premier rang parmi nos savants français. Aussi, a-t-il donné, en de fertiles hardiesses, une grande impulsion au mouvement orientaliste.

De même que nombre de ses camarades de collège, il semblait, par ses études toutes spéciales, tout destiné pour occuper un poste des plus importants dans une de nos légations d'Orient ; mais les événements en décidèrent autrement.

Pour nous, qui avons étudié les diversités du caractère humain, nous comprenons facilement certaines diversités de préférences. C'est donc sans retenue, mais aussi sans sensiblerie, que nous respectons ce sentiment chevaleresque qui le poussa, alors qu'il venait à peine de terminer ses études, à suivre en Algérie M. Féraud, interprète général de l'armée d'Afrique, et l'illustre général Chanzy, alors gouverneur général de notre belle colonie algérienne, sous les auspices desquels il s'engagea dans le premier régiment de zouaves.

Amoureux de l'action, quoique ayant à peine dix-huit ans, il fit partie de la colonne des Aurès, fit les campagnes de Tunisie, de la Kabylie et du Mzab, et, en possession d'une solide éducation, il réussit brillamment à passer ses examens comme interprète militaire.

Profitant des rares loisirs que ses occupations de soldat lui procuraient, admirateur de la poésie d'un pays qu'il sut jadis apprécier en ses célébrités immortelles, il publia un ouvrage sur les *Poètes de la Grèce moderne, 1879*, qui eut un certain succès.

Son esprit d'observation, se portant sur tout ce qui pouvait frapper son imagination, lui permit de publier, à quelque temps de là, un nouveau volume : *La Tunisie, 1881*, étude de mœurs de ce pays, mœurs qu'il réussit à observer et qu'il rédigea étape par étape. Rempli de fines anecdotes, ce livre, classé au ministère de la guerre, fut savouré, tant par sa forme littéraire que par les tours d'esprit qui s'y trouvaient.

A cette même époque, collaborant à divers journaux de Marseille, il sut, en une peinture imaginative, répandre en de nombreuses nouvelles parues sous le vocable de *Souvenirs d'Afrique* (1879 à 85), intéresser une foule de lecteurs pour un pays qui, pour être peu éloigné d'eux, n'en était pas moins presque inconnu de la plus grande partie. Bien qu'écrits à la hâte, ces *Souvenirs* serviraient admirablement à tout historien ou géographe que tenterait une étude sur cette seconde France.

Doué d'une sorte d'intuition native pour la littérature, délaissant la vie des camps, il ne tarda pas à entrer dans la presse algérienne, où, en moins de deux ans, il parvint, tant il se mit en évidence, à devenir l'un des plus infatigables secrétaires de l'une des feuilles quotidiennes les plus lues d'Algérie ; et, bientôt rédacteur en chef, il ne tarda pas à fonder, dans le département de Constantine, un journal des plus importants, spécialement affecté à la défense des intérêts coloniaux. Toute la presse fit, à l'époque, l'éloge de ses *Questions Algériennes (1889)*.

Revenu à Marseille, M. Blancard coopéra, avec son oncle, alors professeur à la Faculté des sciences de notre ville, à des travaux de linguistique ; il fit ensuite paraître successivement *Bakhta (1889)*, récit de mœurs algériennes ; *Lambèse ancienne et moderne*

(1890) ; *l'Histoire de l'Ile d'Hydra (1891)*, traduite du grec moderne, et, enfin, les *Mémoires de Dragoumis (1891)*, traduits du grec, ce dernier ouvrage en collaboration avec son oncle.

A la mort de ce dernier, Théodore Blancard se fit un devoir de publier, avec les quelques notes qu'il put retrouver, une notice bibliographique sur la vie de cet homme de bien, qui fut en même temps un savant (1891).

Dès cette époque, Théodore Blancard a semblé s'écarter quelque peu du but qu'il avait jusque-là poursuivi. Quoique se tenant à l'écart du mouvement politique par goût et par devoir, il fut plusieurs fois appelé à remplir l'emploi de chef de cabinet de M. le Maire de Marseille. Entré vers 1890 dans le service de l'hygiène publique, il devint le chef et le collaborateur actif et dévoué des docteurs, qui inauguraient l'application du système prophylactique à Marseille.

Entre temps, Blancard publiait, sous le titre suggestif de *Les Mavrogenis (1892)*, un véritable monument historique sur l'Orient. Ouvrage de longue haleine, qui lui coûta près de cinq années d'études et de recherches à travers les principales archives officielles ou privées de plusieurs pays d'Europe.

M. Théodore Blancard, qui est décoré de la médaille coloniale, est chevalier de l'Ordre du *Sauveur* de Grèce. Il prépare actuellement un autre ouvrage sur l'Orient, thème favori de ses études. Ayant toujours cherché à mettre toutes les ressources de son éducation au service de tous, il ne compte que des amis, qui ont pour lui, vu sa grande correction et son indépendance, une sympathie qui n'est pas prête à s'éteindre.

LOUIS BONNAUD

(Hector Gill)

De même qu'en physique et en magie, il y a le côté amusant et le côté scientifique, en littérature, il y a le style artistique, insouciant et gai, et le style scientifique, moral et humain.

En esthétique, nous dit-on, l'un des pôles est l'esprit grec, méridional, agile, poétique, amoureux du beau. L'autre pôle est l'esprit teutonique, septentrional, intense, amoureux du vrai.

Par l'esprit que l'écrivain sème en ses œuvres, l'esthétique de Bonnaud penche vers le pôle méridional, lequel a dû lui infuser on ne peut plus ses qualités.

Il fait partie de cette pléiade de littérateurs qui, sans plier leur intellect à l'étude des vastes conceptions sociologiques présentes, ont dans un genre bien gaulois, et en une ironie pleine de finesse, réussi à se mettre en vedette.

A l'heure actuelle, où le dieu du Parnasse lui-même se fait l'écho d'une philosophie toute imprégnée d'humanité — poussé par les aèdes du renouveau social — Bonnaud est de ceux qui tentent de créer, par leurs œuvres, une dissonnante diversion à la rigidité de principes de certains diagnostiqueurs pseudo-scientifiques.

Pour nous, qui sommes contre toutes les ortho-
doxies, nous saluons volontiers ce talent originale-
ment léger en ses satires spirituellement colorées,
parfois un peu sentimental, mais faisant œuvre d'artiste à chanter la vie, ses joies et ses ardeurs, avec
une fine observation des choses.

Nombreux sont les journaux et revues où Bonnaud, a, sous le pseudonyme d'Hector Gill, su se
faire apprécier. Citons entre autres : La *France
Moderne*, Le *Mousquetaire*, *Tabarin* (journal et revue),
l'*Etincelle*, le *Chat Noir*, le *Mondain*, la *Lune Rousse*,
et enfin le *Phare du Commerce*, dont il a la rédaction
en chef depuis quelque temps.

Au cabaret de la *Lune Rousse*, il donna quelques
chansons très curieuses, le *Paradis Perdu*, l'*Incident
du Grand-Théâtre* ; des pièces à ombres : le *Voyage
du Président de la République*, le *Banquet Bertin*, etc.,
toutes fort gaies et originales.

Il publia, il y a quelques années, une étude très
complète sur le *naturalisme*, qui souleva de violentes
polémiques et classa Bonnaud parmi les bons critiques
marseillais.

Comme écrivain, il a publié beaucoup de nouvelles
littéraires, qu'il compte réunir prochainement en
volume ; comme poète, il possède le greffe d'un
talent délicat, primesautier, s'éloignant instinctivement des banalités lancinantes de l'école à laquelle il
appartient.

VICTOR BRUN

(Jacques Martial)

Ce fut à Marseille, au beau milieu de tout ce monde qui travaille, souffre, gémit, pense, et veut enfin être libre et heureux, que Victor Brun vit le jour. Délaissant son nom de famille, il prit, en entrant de bonne heure dans le journalisme, le pseudonyme de Jacques Martial qui, résonnant magnifiquement, incarne en son herculéenne personne, non seulement la force et l'énergie, mais aussi toutes les audaces populaires.

Sautant bravement, en s'élançant dans la carrière littéraire, sur le fouet de Juvénal, dont il arracha quelques rudes lanières, il se rua brillamment dans la mêlée sociale, et eut quelques unes de ces belles envolées d'idéal et d'indignation qui sont seules capables de donner à la poésie une langue digne d'elle.

Jacques Martial débuta aux *Jeunes*, et ce fut dans le *Midi Libre* qui, semblable à un feu d'artifice, n'eut qu'un seul jour d'éclat, que fut inséré son premier article. Mais c'est surtout dans la *Ligue du Midi*, la *Sève* et quelques autres organes avancés, qu'en sa carrière journalitique, il apporta premièrement, en son érudition approfondie, tout ce que sa jeune foi avait de robuste et de sincère.

Après avoir ainsi pendant quelque temps bataillé, à 18 ans, il quitta Marseille pour Paris, ville pour lui des plus ingrates. Il se fatigua vite de la vie de bohème et, ne pouvant supporter plus longtemps les rudes et pénibles coups de l'adversité, avec regret il quitta la plume et s'engagea dans l'artillerie de marine.

Parti en expédition à Madagascar, il put se faire pendant trois ans là-bas (1887-88-89) une fière idée de notre système de civilisation, qui, excitateur de douleur, contribua furieusement à accélérer son évolution vers le socialisme révolutionnaire.

Enfin, revenu en France, Victor Brun, redevenu Jacques Martial, donna, pour se refaire la main et dérouiller sa plume, des nouvelles littéraires au *Bavard* qui furent, par les lecteurs de cette feuille, accueillies avec faveur. A la suite de cette rentrée sensationnelle, complètement en possession de lui-même, il inaugura dans le *Pavé*, qu'il fonda en 1890, une lutte de guérillas qui fut pour certains des plus meurtrières.

Cette campagne l'ayant mis en relief, il ne tarda pas d'entrer au *Peuple,* journal socialiste que l'année 1890 venait d'apporter dans ses flancs généreux. Ses articles de chaque jour, tout imprégnés de salpêtre, jetèrent la crainte et l'effroi au cœur même de la bourgeoisie voltairienne. C'est ainsi qu'il fut toujours sur la brèche et toujours aux avant-postes du socialisme.

C'est lui, également, qui fonda le premier journal qui s'est appelé le *Premier Mai* et qui paraît une fois par an avec cette belle devise : *La Liberté pour principe, l'Egalité comme moyen, et pour but, la Fraternité.*

Le *Peuple* ayant disparu, un organe socialiste faisant complètement défaut à Marseille, et le *Petit Provençal* lui ayant ouvert ses colonnes, envisageant la haute portée de la lutte qu'il pouvait encore y continuer, de même que ses camarades, malgré certains blâmes, dont le rigorisme avait quelque chose de sectaire et d'outrecuidant, il accepta d'y entrer par devoir, et nous pouvons dire qu'il l'accomplit jusqu'au bout.

Cruellement déçu en son espoir, obligé de se retirer de ce journal, personne ne peut aujourd'hui lui faire un reproche d'avoir fourni de la copie au *Petit Marseillais*, car, même dans cette feuille, il soutint les idées pour lesquelles il avait tant combattu. Ses articles sur l'affaire Reynier, la victime de l'erreur judiciaire de Saint-Cyr, ont eu un grand retentissement.

De nouveau collaborateur et secrétaire de la rédaction du *Mondain*, auquel il fournit à l'époque de ses débuts quelques fantaisies fort remarquées, aujourd'hui un peu blasé sur la portée des luttes politiques et sur la bonne foi des politiciens, il paraît s'être consacré définitivement au théâtre. Secrétaire général du théâtre des Variétés depuis 1892, il a remporté sur cette scène des succès qui l'ont décidé à pousser vers l'art dramatique ses ambitions littéraires. Nous rappellerons : *Bons Amis,* joué en janvier 1893, *Madame Pierrot,* en 1894, et, en 1895, *Sous les Cendres.* Cette année on a donné de lui, au Gymnase, un tableau militaire, *Monsieur le Major,* que ne désavouerait pas Courteline.

Nous lui savons en portefeuille des ouvrages plus importants, notamment une comédie fort curieuse en trois actes, et un grand drame révolutionnaire qu'il garde sans doute pour l'heure propice.

JOSEPH BUGÉIA

(Michel Gibet)

Joseph Bugéia est né à Marseille, en 1871. Il fit ses études au Lycée de sa ville natale, et, son baccalauréat passé, il se prépara pour Saint-Cyr. Mais il renonça bientôt à la carrière militaire pour choisir l'administration ; aujourd'hui, il est commis principal d'une grande administration financière de l'Etat.

Tout jeune, il débuta dans la presse locale en écrivant, dans de petits journaux hebdomadaires, des poésies pleines de grâce juvénile. Ecoutant son cœur et sa jeunesse, il chante l'amour et les femmes. Ses premiers envois datent de 1888 (*La Cloche*, l'*Alcazar lyrique.*)

Sa muse change, se fait plus sévère, se surprend à noter les travers de la société, à nier ce qu'elle avait adoré : l'Amour. Ce sont alors des sonnets philosophiques et des ballades sceptiques, qu'il envoie au *Passant*. M. Sinéty de Sigoyer, rédacteur en chef de cette feuille, remarque le talent souple de Bugéia et son goût sincère pour la critique ; il en fait le secrétaire de rédaction du *Passant* (1889-91). Dès lors, chaque semaine il chronique élégamment, en compagnie des meilleurs écrivains marseillais et de littérateurs parisiens distingués. Ses chroniques ont un cachet humouristique saisissant. Le *Passant* meurt, peu de temps après, d'une indigestion d'art.

Entre temps, Bugéia collabore à divers journaux littéraires : l'*Oursin*, la *Cornemuse*, la *Revue indépendante*, la *Terre*, la *Revue française*, le *Radical*.

Il fut aussi un des fondateurs de la *Lune Rousse*, dont il est de suite l'âme acerbe. Son esprit caustique lui fournit d'excellents monologues et de mordantes chansons. Tels de ses confrères aînés reçoivent le coup de boutoir, qu'il leur assène gentiment. Cependant, malgré son goût prononcé pour la satire, Bugéia ne néglige pas la littérature pure et produit quelques romances sentimentales : *A ma mie, Stances à Nitka, Ode à l'Ancienne, Germaine*, dont son ami, le maëstro Ant. Nunzi, saisit admirablement l'esthétique. Dans le genre satirique, *Alcibiade* et sa *Chanson des Dynamitards* sont connus de tout le monde.

Enfin, il quitte la Lune Rousse quand il s'aperçoit que l'Art y a perdu ses droits.

De là, il entre au *Midi Artistique*, où, pendant plus d'un an, il collabore assidûment, y donne des critiques, des articles humouristiques, des poésies et des proses sentimentales.

D'abord secrétaire de la rédaction, puis rédacteur en chef des *Tablettes Marseillaises*, Joseph Bugéia donne, dans ce journal indépendant au point de vue littéraire, libre cours à sa fantaisie. A côté de chroniques fortement pensées, dans lesquelles il fustige le panmûflisme des lettres, il part en guerre contre la bêtise humaine, rit des puissants et pleure avec les miséreux ; il se montre délicat poète dans ses morceaux de prose au rythme doux, exhalte l'amour du beau, mais affiche parfois un pessimisme un peu outré, et c'est précisément ce qui déconcerte en lui. La sensibilité de son âme lui arrache aussi facilement des pleurs que des cris ; un rien l'impressionne, un rien l'émeut, mais aussi un rien l'outrage : c'est ce qui explique la diversité de ses écrits. Mais dans toutes ses productions, satires, romances, articles de fond, critique, chansons, il sait rester lui-même et adopte un style adéquat, qu'il façonne et rend conforme aux idées qu'il exprime.

Joseph Bugéia s'obstine, jusqu'à présent, à ne rien publier, mais il finira bien par céder à la tentation à laquelle d'autres qui ont beaucoup moins produit que lui ont sacrifié depuis longtemps et plusieurs fois.

PROSPER CASTANIER

Prosper Castanier est l'une de ces personnalités travailleuses qui, malgré leur vrai mérite et leur réel talent, préfèrent l'ombre des bibliothèques, propice aux sérieux labeurs, à la publicité bruyante des tréteaux politiques ou littéraires.

Prosper Castanier est né à Saint-Ambroix (Gard), le 21 juillet 1865. C'est donc un jeune ; il possède cependant déjà de nombreux titres à l'estime des lettrés et des républicains. On distingue, en effet, en lui, le littérateur et le journaliste politique. Il a prouvé aussi son amour pour la science, et on pourrait l'accuser de cacher ses connaissances s'il n'avait pas montré, à l'âge de quinze ans à peine, par la publication d'une étude sur les *Origines du Globe*, combien son jeune esprit était déjà cultivé et ardent à pénétrer les arcanes, si mystérieuses, des sciences spéculatives.

Mais ses recherches philosophiques et ses excursions géologiques ne l'empêchaient pas de sentir son cœur gonflé des souffles printaniers de la vie ; des élans d'amour pour la Nature, qu'il adore comme un Pan antique, montent à ses lèvres d'adolescent et se traduisent naturellement, comme toujours à cet âge, en des strophes ailées. *Le Drapeau national, les Tablettes*, d'Alais, insèrent, en 1882, ses premiers essais poétiques. Depuis, il fit paraître des pièces, non pas très nombreuses, mais choisies, dans divers journaux et recueils ; et, en 1884, il publiait un petit recueil de rimes, qui eut, dans la presse de Paris et de Province, l'accueil le plus sympathique. M. Adolphe Brisson disait de lui, dans les *Annales politiques et littéraires* — numéro du 15 juin 1884 : — « Voici un petit recueil intitulé *Désir et Volupté*. Rassurez-vous, pudiques lectrices, rien n'est plus honnête ni plus moral. Il y a dans ces vers quelques imperfections de forme que l'habitude corrigera ; mais l'auteur, M. Prosper Castanier, a de l'imagination, de la couleur : autant de qualités précieuses. »

Ces qualités, il ne devait pas les perdre, mais les traduire désormais en prose ; Prosper Castanier n'a pas commis beaucoup de vers et nous devons même dire que nous préférons sa prose à ses vers. D'ailleurs, sous le prosateur, on retrouve toujours le vrai poète, l'esprit aux idées larges, généreuses, — trop généreuses peut-être ; car la triste réalité de la vie vient toujours briser les ailes aux âmes trop idéalistes.

On sent, en effet, déjà poindre un commencement de désillusion dans une longue étude psychologique sur la *Mélancolie chez quelques grands poètes*, parue dans le *Drapeau national*. Plus tard, également, lorsqu'il publie le premier volume de ses *Esquisses humaines, Pierre Mauget*, on reconnaît en lui un de ces esprits assoiffés d'idéal, pour lesquels la vie a déjà offert trop souvent le spectacle des turpitudes humaines. Ce roman, publié au commencement de 1889, valut à son auteur de chaleureux encouragements. Les principaux critiques en constatèrent le mérite, et la plupart des maîtres de la littérature contemporaine adressèrent à Castanier leurs félicitations.

Voilà pour le littérateur. Le journaliste politique n'est pas moins digne d'estime. Successivement directeur du *Drapeau national*, du *Libéral*, où il a publié une histoire du *socialisme* qu'on aimerait à voir réunie en volume ; rédacteur en chef du *Progrés du Midi*, où il a soutenu, en 1886 et 1887, le bon combat démocratique ; collaborateur du *Petit Journal*, de l'*Evénement*, Prosper Castanier s'est toujours montré loyal, désintéressé, aimant sincèrement le peuple, connaissant ses besoins et désireux de les voir satisfaits. La défense de ses convictions républicaines lui a coûté de nombreux sacrifices en échange desquels il n'a jamais rien demandé, — alors que des gens, qui n'ont jamais rendu aucun service à la République, quémandent et obtiennent les places et les honneurs. Signe particulier : Malgré ses titres nombreux et légitimes à l'attention du pouvoir, Prosper Castanier n'est pas même officier d'académie... — Heureusement ! dirait-il.

Nous allions oublier de mentionner une étude qu'il a publiée à la librairie Guillaumin, l'éditeur du

Journal des économistes, sur *les Syndicats professionnels*. Disons, enfin, en terminant, que ce travailleur infatigable a commencé une véritable œuvre de Bénédictin, une *Histoire de Marseille et de la Provence dans l'antiquité*, qui aura cinq ou six tomes, et dont il a déjà publié deux volumes : I. *La Provence préhistorique et protohistorique*, et II. *Marseille et la colonisation phocéenne du IVᵉ au VIᵉ siècle avant J.-C.* Cet ouvrage, dont la suite est impatiemment attendue, obtient un vif succès.

· AUGUSTE CLÉRISSY

Avant de parler de l'écrivain et de l'homme d'action qu'est Auguste Clérissy, consacrons quelques lignes hâtives à son faciès, des plus curieux à observer.

Sa figure, que couvre presque entièrement une barbe roussâtre, peu longue mais très fournie, se dégage de son buste comme une de ces têtes de diablotins sortant d'une boîte à surprise ; au beau milieu percent, tels des scalpels, deux yeux scrutateurs qui obsèdent, troublent et captivent l'auditeur quand il parle.

L'écrivain débuta aux temps des premiers enthousiasmes et des fougues généreuses du groupe des *Jeunes*, et surtout de son frère qui, personnellement, contribua à le pousser fortement.

L'élection d'un socialiste ayant eu lieu à la Belle-de-Mai, en 1884, à laquelle il se mêla, lui donna, par quelques petites conférences, l'occasion de s'affirmer à la fois orateur et habile tacticien.

Le journal le *Travailleur*, que dirigeait alors Eugène Fournière, menacé dans son existence faute de fonds, Clérissy se mit bravement à apprendre la typographie, pour aider à la composition, et c'est à ce désintéressé concours que le journal dut de paraître encore quelque temps.

Collaborateur aussi infatigable que dévoué, il se prodigua sans compter, et souvent aux nécessités de la polémique, sa plume s'aiguisant, déjà à cette époque il donnait à comprendre ce qu'il serait plus tard : un théoricien socialiste et un passionné d'art.

Nous pouvons dire que s'il ne fut pas un aède du socialisme, il fut un des plus brillants éclaireurs du mouvement social dans notre région.

Le *Travailleur* disparu, Clérissy continua à militer au sein de la *Commission des travailleurs*, dont il faisait partie, puis, il nous quitta pour Toulon où il fonda la Bourse du travail, et un journal quotidien avec Pyanet : *Le Réveil du Var*, il collabora aussi à la fondation du *Fifre*, petit journal qui contribua, dans cette sphère, à la propagation des idées socialistes.

Le *Fifre* ayant succombé sous les coups des procès que lui intenta la réaction, affublée du masque républicain, il revint à Marseille où il transforma le *Mondain* et réussit à lui donner une allure plus littéraire et plus artistique.

Lors des élections de 1892, les socialistes arrivent à l'Hôtel de ville, le *Petit Provençal*, jusque là fidèle au radicalisme, fit une volte face complète et se rangea avec les socialistes. Par une combinaison habile, il devint le journal officiel de ce parti, par l'intromission de Clérissy et de quelques autres, qui lui infusèrent une nouvelle vitalité.

Nous n'hésitons pas à dire que ce fut malheureux, car, comme Cladel, dont il était l'admirateur, la langue de Clérissy, belle en ses nuances et habile à faire ressortir les contradictions des fantoches politiques, perd là le meilleur de ses forces.

CALLISTRATE

Ce pseudonyme cache une des personnalités les plus en vue de notre monde Marseillais. *Esthète* de la science hippique, Callistrate, possède, au plus haut point, les connaissances nécessaires pour traiter avec succès tout ce qui concerne la haute critique sportive.

L'écrivain n'est pas exempt d'une certaine pointe d'originalité. Son style vif et alerte, familier aux vibrations rapides et brèves, exulte dans les frénésies d'enthousiasme du triomphe. *Sportsman* impeccable, Callistrate ne peut, avec son savoir sur les choses du turf, son souci de l'exactitude et l'esprit d'information qui le caractérisent, que rendre des jugements clairs et précis.

A toujours fait de la critique sportive par goût et par passion, et le journal *le Bavard*, qui depuis un an environ se *l'est attaché* à ce titre, comme collaborateur, possède une rubrique sportive, qui jouit d'une grande autorité.

Callistrate ne sait pas déguiser sa pensée et c'est toujours avec sa grande franchise, un peu brusque peut-être, qu'il dit son fait à celui ou à ceux qui font preuve d'incompétence, ou qui commettent la moindre hérésie sportive.

Autant son enthousiasme sera grand pour glorifier

un acte méritoire, autant il sera impitoyable et ne ménagera pas celui qui aura butté, ou commis la moindre faute.

Ses critiques sont justes, quoique sévères, et inévitablement lui ont suscité quelques sourdes rancunes de la part de ceux qui en ont été l'objet ; elles lui ont valu l'épithète de *grincheux* et de *bête noire* de la *Société hippique* et de la *Société de la petite Piste d'entraînement*. Mais que lui importe, sa grande indépendance et sa haute situation le mettent au-dessus de toutes ces mesquineries, dont il n'a cure.

Echo fidèle du monde des sportsmen qui l'environne, Callistrate n'a-t-il pas, comme douce compensation, les sympathies des propriétaires, des professionnels de tout rang et de tout ordre, pour lesquels il est toujours sur la brèche pour défendre énergiquement la cause. Et non sans succès, nous pouvons le dire.

C'est d'instinct qu'il aime le sport et cette vie au milieu du monde hippique. A peine âgé de huit ans, il fit sa première course gagnante en Angleterre. En parfait turfiste, il n'est pas de solennité à Marseille, ou dans la région, auxquelles il n'assiste. Il alla même jusqu'à effectuer, jadis, un rapide voyage aux Indes, pour honorer de sa présence le *Grand Derby* de Calcutta.

Esprit honnête et pondéré, sans avoir la prétention d'être impeccable en ses prévisions, c'est toujours

avec un soin minutieux que Callistrate s'efforce de
grouper les petits faits, les petits renseignements pouvant permettre de percer à jour les prévisions fausses,
si fertiles en surprises. Les services qu'il a rendus à
la cause hippique sont d'ailleurs autrement nombreux.
Ils suffisent à expliquer les raisons qui nous ont poussé
à lui réserver une place parmi nos écrivains marseillais.

KARL DOTUN

Aimable et accueillant, ayant su se créer par son aménité de nombreuses et solides relations, Karl Dotun est certainement, parmi nos confrères, l'un des mieux renseignés sur les événements intéressant le Grand monde à Marseille.

Jeune encore, trente-huit ans à peine, son entrée dans le journalisme date de 1872. Rédacteur en chef du *Mondain* où, depuis près de dix-sept ans, il collabora assidûment, Dotun mène de pair, depuis quelques années la chronique hebdomadaire dans le Journal, tout en faisant les échos quotidiens et la critique théâtrale au *Radical*, sous le pseudonyme de « l'homme Masqué. »

Possédant une notion très exacte des dissertations et des révélations permises, son esprit posé, bien au courant des usages et des susceptibilités humaines sait, par une plume finement acérée, retenir en une critique sage et réservée, l'attention des fervents de l'art et contenter les friands de banalités mondaines, les intéressant par de petites pointes habilement ménagées.

Imaginant, rédigeant, mêlant les simples nouvelles aux passions, les folies aux caprices, de déductions en déductions, narrant, racontant sous forme de délicieuses nouvelles, frappantes de sentiments vécus, véritable charmeur, Dotun sait, tout en restant le nerveux écrivain qu'il est, ne point se départir de cette courtoisie qui est une de ses meilleures qualités.

Ancien impressario, il a été pendant cinq ans l'associé de M. Doux pour l'exploitation du Cirque de la Plaine Saint-Michel. Il a également dirigé le Cirque-Théâtre de Nice et le grand Théâtre d'Oran.

Auteur d'une foule de productions littéraires et d'un volume qui fit certains bruits : *Les contes à dormir debout,* historiettes grivoises et mondaines, il dépensa toujours son activité sans compter. Il fut le premier secrétaire du « Syndicat de la Presse Marseillaise », en 1880, et remplit de nouveau, depuis six ans, les mêmes fonctions.

Son caractère affable, son esprit éclairé et ses nombreuses relations lui ont fait prendre en mains les rênes directoriales du Grand Hôtel, dont il est devenu maintenant le co-propriétaire.

Parmi ses confrères, il semble être l'homme le plus envié de France et de Navarre. Signe particulier : Voudrait que l'on ait pour lui la même amitié qu'il a pour les autres, sentiments partant d'un bon tempérament et que raniment les bonnes et solides amitiés.

SFÉNOSA

(Léonce Féasson)

Encore un de ces poètes, et des plus délicats, qui doivent à la persévérance leur éducation littéraire. Sfénosa débuta au *Portique*, dont il faisait partie ; ce groupe, dont les efforts tendaient à servir de contre-pied aux *Jeunes*, avait réuni en son sein des talents qui surent s'affirmer, et que Féasson entreprit de suivre dans la voie du succès.

Collaborant bientôt au *Bavard*, au *Tabarin*, au *Méphisto*, à *la Lune rousse*, il suivit sa route, publiant peu, mais caressant toujours le rêve qui console et qui berce, le rêve qui vous emporte loin des banalités écœurantes de la vie. Après avoir fait paraître deux plaquettes de poésies : *A cœur ouvert* et *Le secret de Pierre*, il n'hésita pas à soumettre à la critique l'œuvre virile et forte, toute imbue d'un impératif désir d'essentielles émotions, qu'il avait fait espérer.

Les Déclins, livre tout imprégné de poésie, fleure les sentiments exquisement bons d'une âme fière. C'est tout d'abord une envolée vers l'azur sur les ailes du rêve et loin des tourbes routinières des foules ; c'est le voyage vers les cieux, au dessus du mépris

des aveugles et des impuissants. Ensuite un peu
d'humanité s'affirme et c'est un amour mélancolique
d'automne chanté en vers ternaires, l'appel à la
mystérieuse. inconnue aimée par le poète. Voici la
mer troublée de l'ensanglantement du soleil qui se
couche et du silence profond des rivages ; la lune
magique découpant les rochers et montant vers
l'horizon avec des lenteurs vitriques. La tristesse
arrive et avec elle l'émotion douce et attendrie.
L'hiver tout de sanglots épars dans les vents, et les
oiseaux blessés gisant sur la terre dure. Puis le, retour
vers l'avril, le renouveau des joies mortes et l'éva-
nouissement des choses endeuillées. Enfin l'aube
chassant les ombres fantomatiques des ténèbres. C'est
toute la vie faite de sensations vécues, qui dans leur
diversité presque disparâtre notent artistiquement
l'existence.

Et le livre se termine par quelques poèmes en
prose, curieux par la ciselure et le fini. Quelques
assonances martèlent le rythme et bercent étrangement. C'est d'une poésie subtile, on la dirait plus
poétique que le vers prosodique : la phrase est alan-
guie et d'une musique émotionnante. *Les Déclins*
annoncent au public un artiste consommé et un émotionnel vibrant avec ses propres sensations.

Sfénosa (anagramme de Féasson) est né en 1856 à
Mèze (Hérault). Sorti de l'Ecole communale en 1871,
il a écrit ses premiers vers en 1882. La muse dont le

poète châtie admirablement la pensée sera bientôt son inséparable compagne, sur l'étroite et convoitée estrade de la célébrité vers laquelle *les Floraisons* et *les Hantises*, à paraître prochainement, l'élèveront sans doute.

GASPARD GALY

La physionomie caractéristique de l'éminent reporter marseillais tient tout entière en son chapeau de feutre à larges bords, qui si curieusement donne à sa personne cette allure trompeuse de grand capitan, que l'on ne peut, une fois remarquée, oublier.

Tenant, de par la haute situation qu'il occupe dans la presse locale, une place enviée dans le mouvement politique et social; nullement farouche pour ceux qui l'approchent, il lui répugne de se poser par trop en rébarbatif Fracasse. Aussi, dès l'abord, quoique conservant pour l'interlocuteur un peu de cette condescendance hautaine, qu'il essaie par son allure de s'imposer, bientôt sa figure s'humanise-t-elle, — d'Artagnan s'effémine et le reporter apparaît.

Né en 1858, à Saurat (Ariège), il a conservé de sa jeunesse, passée en ce pays avoisinant l'Espagne, cet air de fierté castillane qui, si étrangement, fait ressortir sa populaire individualité. Il fit une partie de ses études à Toulouse, au petit séminaire de la rue de l'Esquille, et les a terminées à Marseille.

Attiré par les lettres, comme tant d'autres, il se fit typographe et occupa sa première casse au *Petit Marseillais*. Après avoir paru un moment à l'*Egalité*, il entra à la *Jeune République*, où il fit ses premières armes.

D'ordinaire, son style, quoique clair et précis, n'a rien de ces sublimes envolées qui s'imposent au penseur. D'une plume probe, il a jusqu'ici brodé des phrases indifférentes sur un canevas neutre. Il incarne, d'ailleurs, en sa littérature inoffensive, toute la politique du *Petit Marseillais*, dont il s'est élevé de l'imprimerie à la rédaction pour devenir le rédacteur local le plus lu et le plus apprécié.

Ayant, dans une tentative téméraire pour lui, fondé jadis, avec Nandyfer, le *Charivari Marseillais*, organe illustré, et quoique eu égard à la note audacieuse des dehors de Galy, ce ne doit pas être sans un certain émoi qu'il envisage aujourd'hui le danger qu'aurait pu faire courir à sa carrière l'âcre bile républicaine, au verbe dur, de son bouillant collègue, le virulent auteur de *Cypranus Esclafaris!*

Le Charivari disparu, il fit paraître *La Lanterne Marseillaise*, qui, malgré son titre, ne pendit « onques personne ». Celle-ci éteinte, la *Petite Marseillaise* la remplaça et suivit sa devancière dans une voie aussi modérée que réservée. Enfin, à cette dernière succéda *La Mondaine*, qui fut plus vive, plus sémillante en sa note échevelée.

Entre temps, Gaspard Galy dirigea les ateliers du *Petit Provençal*, sous l'administration de Icard; celui-ci ayant dû, par des motifs que nous n'avons pas à envisager ici, résilier les hautes fonctions qu'il occupait, put, en ce moment difficile, trouver en Galy une amitié à toute épreuve.

Par sa fidélité constante à son ancien directeur, perfidement qualifiée de bravade, Galy quitta l'administration du *Petit Provençal*. Il ne tarda pas, à la suite de cette résolution, à entrer au *Petit Marseillais*, à l'impulsion duquel, depuis, il contribua puissamment.

Ce fut lui qui organisa dans le journal le grand reportage parisien, les londonniennes interview, et y développa surtout le service d'informations, auquel il s'est toujours consacré lui-même avec une fiévreuse activité.

Pour terminer, disons que, bien qu'il n'affecte en littérature aucun raffinement, aucun personnalisme, il ne coule point sa phrase dans le moule commun. Ayant le diagnostic sûr, de la facilité et de l'entrain en ses narrations, il procède, dans sa méthode d'exposition, d'un grand jugement et de beaucoup de clarté, qualités qui facilitent énormément, pour le lecteur, une prompte compréhension.

L'on peut, de ce fait, être certain que s'il aborde jamais la haute littérature, il y retrouvera sûrement, au fond de sa diserte érudition, la sincérité des impressions ressenties, avec le mot créé pour les traduire en une langue tout aussi harmonieuse qu'empoignante.

B. GRAILLE

Fils de l'ancien commerçant en vins qui, en 1871, lors de la proclamation de la Commune à Marseille, fit partie de la fameuse Commission départementale, B. Graille est, comme son père, pour les heurts évolutifs, que les esprits conservateurs n'ont jamais cessé de condamner.

D'un tempérament résolu, l'écrivain à la pensée courageuse, nuancée d'imprudence, poussé par d'imprécises tendances littéraires, en arrive facilement à évoquer des sentiments fortement imprégnés d'indépendance. Depuis 1887, qu'il combat dans cette presse ardente et généreuse qui, en révoltée, se dresse contre l'oppression, il n'est pas de journaux socialistes que Marseille ait vu naître, auxquels il n'ait collaboré.

Amoureux de l'action, il n'a cessé de fustiger et la veulerie déconcertante des masses et le nombre de plus en plus croissant des politiciens véreux, qui, hélas ! continuent à mener la meute routinière, dont la misère désespérante ne sait s'exhaler qu'en un immense hourvari de plaintes.

La forme littéraire est nette, vive, primesautière, mélange de tous les tons, de tous les styles, et, surtout bien loin de cette sobriété extrême de termes, qui caractérise la sécheresse et l'ignorance où se complaisent, en leurs clabauderies, les dilettantes officieux, à l'esthétique mercantiliste.

Sa phrase, comme soulevée de tout un monde de douloureuses pensées, de bonheurs entrevus, clame généralement des idées d'un humanitarisme élevé, et, par son procédé de constat, l'écrivain arrive à donner à sa pensée tour à tour la note grave, brutalement incisive, et la note spirituelle alertement ironique.

En parfait critique et avec maîtrise, il dissèque les théories et combat les tactiques de l'adversaire ; dans la riposte plus spécialement, où se déploient ses qualités de polémiste, son argumentation alors très serrée, excelle à accentuer les réflexions fugaces qui, brisant la limite des faits, des motions irréfragablement établies, précipitent en son inscience la cohue échotière qui s'extériorise en de plates banalités.

En possession d'une esthétique basée sur une intuition exacte et diserte, tout jeune encore, Graille nous semble être, parmi la pléiade nouvelle des écrivains marseillais, un des mieux doués pour se tailler une place bien en vue.

SÉVERIN ICARD

Erudit et fin lettré, Séverin Icard est loin, fort loin de cette foule d'Ajax de la banalité qui, piètres vénérateurs des graves niaiseries de la lilote scientifique, veulent en imposer par le charlatanisme à la crédulité publique.

Quoique jeune encore, il s'est créé une place enviée parmi les hommes éminents de notre corps médical, et aussi parmi nos brillants écrivains. Ses ouvrages scientifiques, littéraires et philosophiques lui ouvrent un avenir plein de promesses.

La médecine, cette utile, et, en sa complexité, difficile science, a trouvé en lui une de ces intelligences que rien ne rebute. Originaire de Cassis, près Marseille, Séverin Icard a commencé ses études dans notre ville, et les a terminées à Paris, où il a plus spécialement fréquenté les hôpitaux réservés à l'enfance.

Possédant des connaissances très étendues en cette science physiologique qui, à toutes les époques, fut regardée comme le phénomène le plus impénétrable, nombreux sont les mémoires qu'il a, sur des questions s'y rattachant, adressés à l'Académie de médecine.

Parmi ces mémoires, nous citerons notamment celui sur l'*Alimentation des nouveaux-nés*, qui fut couronné par l'Académie de médecine, la Société médicale des Hôpitaux de Paris et la Société protectrice de l'enfance ; cet important ouvrage, fut, par décret ministériel, accepté pour les bibliothèques publiques.

Livre précieux s'il en fut, il ne pouvait qu'être chaleureusement accueilli, et cela non seulement du corps médical qui sut l'apprécier, mais de la femme assumant les responsabilités d'un allaitement artificiel, et de tous ceux essayant de lutter contre la marche ascendante de la mortalité enfantine, cause primordiale d'une hâtive dépopulation.

Un autre de ses mémoires : *La femme pendant la période menstruelle,* étude de psychologie morbide et de médecine légale est, par la thèse qui y est soutenue, de la plus haute importance au point de vue médical, et, pour tous ceux qui s'intéressent à ces questions, d'une grande portée scientifique.

Nous attirerons, au point de vue de l'esprit général de ce livre, principalement l'attention du législateur, qui ne peut que s'intéresser à la série d'études s'y trouvant contenues, études ayant rapport au rôle déprimant, attribué à la menstruation, dans bien des cas de folie criminelle.

Traduit en plusieurs langues, ce mémoire de grande valeur a eu un certain retentissement, non seulement en France, mais encore à l'étranger ; en Espagne principalement, où le traducteur, M. Raphaël Ulécia y Cardonna, adressa à son auteur, avec le premier exemplaire, comme témoignage d'admiration et de respect, cette dédicace élogieuse :

« La pensée qui a engendré votre livre est aussi élevée que les nobles sentiments de votre cœur. Vous pouvez être satisfait de votre œuvre. Souhaitant ardemment qu'aux applaudissements des hommes de science et aux bénédictions des femmes de votre belle nation se joignent les applaudissements et les bénédictions de nos compatriotes, j'ai traduit en espagnol votre précieux livre et je tiens à honneur de vous en offrir le premier exemplaire comme témoignage de mon admiration et de mon respect. » R. ULÉCIA (*Madrid, 26 novembre 1890*).

Cet éloge, que complète cette appréciation exprimée, après la lecture de l'ouvrage, par le célèbre professeur Lombroso, appréciation ainsi conçue : *Ce livre est une des plus belles monographies de notre époque;* confirme la valeur de cette étude scientifiquement approfondie.

La mort réelle et la mort apparente, encore un autre ouvrage des plus intéressants comme synthèse diagnosticale et précieux pour les docteurs, en ses ouvrages de constat et en son système de traitements révélateurs de la mort apparente. Il fit, dans le concours Dusgiel, arriver bon premier M. Séverin Icard, qui en obtint la plus haute récompense décernée en 1895, par l'Institut de France.

Grâce aux travaux et aux recherches du savant qui nous occupe, la science diagnosticale en matière de mort aura fait un grand pas. La preuve indéniable ét absolument certaine de la continuité de la vie pourra être manifestement établie. Ce sera là, croyons-nous, le plus beau titre de gloire que puisse revendiquer M. Séverin Icard.

L'écrivain, polémiste assuré autant que réfléchi et doublé d'un profond philosophe, pour captiver le littérateur, n'a recours qu'à des moyens simples ; le style élégant, net, précis, lapidaire, a de belles trouvailles d'artiste et des envolées superbes. Comme philosophe on peut dire de lui qu'il possède à fond la science de Thalès, de Démocrite et de Socrate.

Catholiques et Républicains, rallions-nous ! Œuvre de haute politique qu'il publia sous le pseudonyme de Ludovic Karvet, occupa en son temps la presse militante. Cet ouvrage eut surtout le mérite de devancer l'encyclique du pape Léon XIII, et d'accélérer la poussée du clergé vers la République.

Pour nous, qui sommes contre toute sophistication de la pensée, et rejetons tout sentimentalisme religieux, nous donnerons sincèrement notre appréciation sur ce livre.

Tout d'abord, disons qu'il part d'un bon sentiment. « La France, y est-il dit, a clairement manifesté sa volonté : elle ne veut plus d'un régime monarchique. » Aussi, souleva-t-il de la part de gent dévote, et surtout de la noble *Gazette de France*, une polémique à laquelle il répondit dans le journal *La Concorde, de Paris*, réponse qui tint plusieurs feuilletons.

Convaincu du triomphe prochain du socialisme, les efforts de l'écrivain et du penseur tendent à l'établissement d'un accord entre la démocratie et les doctrines évangéliques. Cette tactique, qui sembla un moment être le programme du parti catholique en France, y est aujourd'hui quelque peu délaissée. Suivie encore en quelques Républiques étrangères, elle forme l'une des bases principales de la politique de la République· de l'Equateur depuis quelques années. A l'apparition de l'ouvrage, M. le Président de cette jeune et prospère République fit tenir à l'auteur une lettre des plus élogieuses, lettre qui fut reproduite par toute la presse française.

PARADOXES ET VÉRITÉS attire plus spécialement notre attention. Ce livre procure une lecture des plus intéressantes et des émotions les plus diverses ; très serré et très spirituel, faisant, par les idées émises, puissamment méditer, il repose, par le grand nombre de pensées parfois enveloppées de fine raillerie, des ouvrages entrelardés d'idées d'une désespérante sécheresse de vue et de sentiments. Ici, les différentes plaies sociales sont sobrement, mais à un point de vue juste et sûr, crânement étudiées.

Avec quelle verve et parfois avec quels épigrammes mordants, dans cette étude sociale, l'auteur nous montre-t-il nos faiblesses et surtout la hideuse hypocrisie du siècle ! Avec quelle franchise nous dévoile-t-il les euphémismes par lesquels nous savons qualifier tout cela.

L'on peut dire que la philosophie paradoxale, mise à nu par le docteur Séverin Icard, est le plus souvent, pour chacun, une dure vérité à entendre.

Conçu dans une largeur de vues peu commune, et dans un style colorié, ce livre s'impose à tous comme celui d'un penseur essentiellement humanitaire.

—oo⟩⟨oo—

ALPHONSE FEAUTRIER

Alphonse Feautrier, qui est né à Marseille en 1859, y promène, avec une insouciance charmante, sa cravate blanche, son claque et son veston de velours. — La cravate blanche ballotée par le vent, c'est l'artiste ; le claque, c'est le gentleman, et le veston de velours, c'est le coureur de buissons. Effectivement, il y a de ces trois types en cet exubérant jeune homme, qui est partout à la fois, coureur de buissons dans ses articles prime-sautiers du *Bavard* et du *Masque* ; gentleman dans les soirées mondaines, dont il est le bout-en-train ; artiste, enfin, en ses poèmes et en ses pièces de théâtre d'une chaleur si communicative.

Ce poète est un travailleur : sonnettiste, conteur, critique et auteur dramatique, il s'est imposé à l'attention de la Presse Marseillaise, dont il est aujourd'hui un des membres les plus estimés et les plus en vue. Le public qui l'a lu, ici et là, puis applaudi au Gymnase de Marseille, aux Variétés et au Palais-de-Cristal, est venu à lui promptement. La cause en est peut-être à ce qu'il voit la vie très simplement, comme une chose qu'il faut accepter sans trop en médire. Son esthétique est purement objective. Il ne fouille pas des replis d'âmes, sa plume très gracieuse glisse et n'appuie pas; elle aime et ne veut pas en savoir davantage. Il aime, il chante; il souffre, il pleure. Sa muse ne se donne pas des airs métaphysiques; il n'a pas pris une flûte pour y souffler des quintessences; il joue des mélodies sincères auxquelles un art plus raffiné nuirait, sans aucun doute.

Alphonse Feautrier a un volume de nouvelles joyeuses qui paraîtra prochainement sous ce titre attirant : *Eclats de rire*, titre qui va comme un gant à ce gai volume où la malice, l'observation, l'esprit, s'ajoutent à un style souple et rapide. Ces excellentes qualités méritent d'être signalées.

Sans parler *d'amour*, *délire* et *cœtera*, une première œuvre qui, malgré ses faiblesses, révélait *quelqu'un*, l'auteur à connaître d'*Eclats de rire* est l'auteur connu de *Corps et Ame*, un volume de vers paru chez Dentu, il y a quelques années.

Dès les premiers vers, on sent la sincérité de l'écrivain, qui ouvre son cœur tout entier. Il se donne pour ce qu'il vaut. L'orgueil du poète n'a pas mangé l'homme; la recherche du rare n'a pas obscurci le style.

Quelquefois, cependant, les deux frères ennemis se rencontrent : l'amour poétique et l'amour charnel. Mais, ils s'entendent comme deux locataires de joyeuse humeur et voisinent sans batailles tragiques.

Rarement des pensers sombres. D'ailleurs, ils

seront immédiatement suivis par des pensers joyeux, par des paysages fort gais, des riens amoureux, des impudeurs capiteuses.

L'auteur de *Corps et Ame* a, dans ses cartons, un nouveau recueil de vers et un drame qui doit être représenté sous peu. Ce drame nous amène à parler de l'auteur dramatique : Alphonse Feautrier a déjà remporté deux belles victoires au théâtre, d'abord avec l'*Amour qui tue*, puis avec une *Comédie*. Le poète a le sens scénique, son vers est plein, harmonieux et brillant. Avec ces qualités on va loin. D'ailleurs, chacune de ses tentatives a réussi, ce qui nous donne à affirmer le succès de ses œuvres futures. Pourquoi ? Parce qu'il ne vise pas trop haut, et, à cela, il doit de viser juste. En outre, il est doué d'un don certainement fort rare : le talent sympathique.

Nous n'en voulons pour preuve que les applaudissements enthousiastes qu'il a recueillis dans la salle des conférences du *Cercle de la Presse et Arts*, où il a donné lecture de sa dernière œuvre théâtrale : *La Mort de Delescluze*.

Nous étions parmi les nombreux privilégiés qui ont eu le plaisir d'entendre les vers larges et sonores du jeune poète, et nous devons le féliciter d'avoir retracé avec tant de vérité et de grandeur les derniers instants de ce martyre dont nous vénérons la mémoire.

La Mort de Delescluze est un cri d'apaisement très

humain et très sincère, dans lequel Alphonse Feautrier a condensé, avec un rare bonheur, la gamme des
sentiments si divers qui hantent le cœur de ses
personnages : l'angoisse, l'espoir, la colère, la haine,
la grandeur d'âme et la douleur muette et respectée.
Il y a entassé des vers d'un effet dramatique saisissant
et des pensées audacieuses qui nous ont prouvé, une
fois encore, que ce poète a plus d'une corde à sa lyre.

Clovis Hugues a publié, dans *le Petit Marseillais*,
une chronique sur *la Mort de Delescluze*, que la censure
a interdite.

Nous félicitons le député-poète de sa vigoureuse
plaidoirie contre dame Censure et des éloges qu'il
adresse à notre confrère. Nous le félicitons sans
phrases, comme on félicite un ami sincère et généreux, un poète en pleine gloire, qui se souvient
toujours des jeunes, des obscurs, et est toujours prêt
à leur tendre la main.

C'est pourquoi, avec Clovis Hugues, qui a vigou-
reusement défendu son jeune ami contre dame Censure, nous crions à ce poète qui se lève : « *Montrez-
nous des héros !* »

MARIUS GEORGE

M. Marius George appartient à cette catégorie d'obstinés chercheurs qui, loin de tomber dans les sentiers battus, moutonniers, se préoccupent de se creuser leur sillon et de penser par eux-mêmes. Il est de ceux qui peuvent dire avec Musset : *Si mon verre est petit, je bois dans mon verre.* Son esprit n'ayant jamais été formé, ou plutôt déformé, par les us et coutumes du savoir universitaire, le parfum un peu âcre qui se dégage de sa phrase rappelle plutôt les senteurs sauvages des bois que les suavités artificielles des fleurs cultivées.

Ce qui frappe chez Marius George, c'est moins l'érudition que la conviction ; il est moins un *savant* qu'un *voyant*. Procédant par aphorismes, ce qu'il ne sait pas on dirait qu'il le devine. Il s'ensuit que l'exposé de ses théories se poursuit en une note vigoureuse, plutôt affirmative, suggestive, que réticencielle; en un mot plus synthétique qu'analytique.

Né à Saint-Rémy, de Provence, le 6 mai 1834, de parents de très modeste aisance, il dut quitter dès sa douzième année les bancs de la primaire pour entrer dans une maison de commerce de la ville d'Aix. A peine âgé de quinze ans, il était déjà tourmenté par la soif inextinguible d'une croyance quelconque. Ses jeunes ans l'avaient vu croyant naïf, mais sincère, dévot même et heureux de l'être. A mesure que la réflexion grandissait, le jeune dévot sentait la foi se rapetisser et s'effondrer finalement, un à un, les préjugés enfantins sur lesquels elle était édifiée. C'est aux efforts persistants qu'il avait tentés pour se ressaisir, pour se cramponner de nouveau à une foi plus solide et plus substantielle, qu'il dut de voir celle qu'il avait assez exactement qualifiée de *foi de lait*, l'abandonner tout à fait: Voilà comment, après avoir vogué et failli se noyer dans les eaux... bénites du piétisme catholique, il avait fini par stopper sur les bords opposés du matérialisme néantiste. Ce n'est que vers sa vingt-cinquième année, époque à laquelle fut publié le fameux volume d'Allan-Kardec, le *Livre des Esprits*, qui fut pour lui son chemin de Damas, qu'il put, comme Archimède, s'écrier enfin *euréka*.

Esprit scrutateur, critique et novateur, n'accueillant la vérité trouvée de la veille que comme un acheminement vers la vérité entrevue du lendemain, un moment arriva, après quinze ou vingt ans de fidélité Kardéciste, où la doctrine du *Livre des Esprits* lui devint un aliment insuffisant.

Considérant, d'ailleurs, comme connexes et indissolublement liées, l'action politique et l'action philosophique, et tout étonné que l'idée spirite, née selon lui d'un fait brutal et expérimental, recrutât si peu d'adhérents parmi les couches profondes de l'armée sans cesse grossissante des défenseurs de l'idée socialiste et humanitaire, M. George était enfin amené à constater que l'obstacle était dû tout entier au déguisement mystique et suspect sous lequel Allan-Kardec l'avait présentée.

Si l'on compare avec Huxley, le savant anglais, les phases du développement harmonique par lesquelles l'humanité s'achemine de plus en plus vers la vérité, aux mues périodiques d'une chenille qui dévore et grandit, le phénomène médianimique marquerait pour l'humanité, selon le dire de M. George, une de ces mues, la plus importante peut-être de toutes celles qu'elle a opérées ; l'expression symphonique et universelle de la loi se substituerait désormais à la " vieille chançon ", à l'ancienne guitare monocorde du miracle.

En mars 1884 sa femme meurt. Il perd en elle, en même temps que la compagne du foyer, la compagne inséparable de ses idées. Médium écrivain d'une rare fécondité, elle laissa en dictées manuscrites la matière de plusieurs volumes. Dans le nombre de ces dictées il en est de particulièrement remarquables et d'une grande hauteur de vue. C'est en s'inspirant de l'une d'elles que M. George, qui avait hâte de s'absorber dans une besogne au-dessus de ses forces, conçut le projet de donner un commencement de forme et de vie à une nouvelle théorie explicative de la formation des mondes, sur laquelle et comme malgré lui, depuis de longues années, ne cessait de s'exercer l'effort de sa pensée. A quelque temps de là paraissait en librairie la première édition des *Mondes grandissants*.

Ecrit avec chaleur et conviction, cet ouvrage de modeste apparence, qui contraste si fort, par la hardiesse de ses conceptions, avec les données un peu rancies des lourds in-folio des savants auteurs, tend à démontrer que dans la nature tout progresse, les mondes comme le reste.

UNITÉ, telle est la donnée générale, à la fois scientifique et philosophique, développée par l'auteur. Unité, c'est-à-dire acheminement universel de toutes choses et de tous les êtres, de l'animalcule à l'homme du grain de sable au géant planétaire, vers un idéal sans limite.

A peu d'intervalle des *Mondes grandissants* était publié le premier numéro de la *Vie Posthume*.

Alors que le Kardécisme mystique battait son plein, ce n'était pas petite affaire que la création en province d'un organe spécial de propagande survitaliste, destiné dès son apparition, à faire entendre ce cri d'énergique protestation : guerre au mysticime !

« Nous savons — avait dit M. George en son article-programme — que beaucoup de difficultés nous attendent ; nous espérons les surmonter, s'il est vrai, ce dont nous sommes persuadé, que la bonne intention porte en soi la force. »

Le mot difficultés était assez de circonstance quand on pense que la *Vie Posthume*, œuvre d'initiative purement individuelle, naissait à la vie sans abonnés, ni même pour ainsi dire sans rédacteurs attitrés. Tout cela viendra, s'était dit son directeur dans un élan d'impertubable confiance dans la légitimité de sa cause. Et tout cela vint. Des plumes en quelque sorte improvisées, et qui ne tenaient pas moins solidement tête aux attaques des aînés confrères, se joignirent à ses efforts.

Dès le second numéro entrait en ligne un " défunt " du nom d'*Alpha* de beaucoup de verve et de bon sens. Ses " Courriers de l'autre monde " produisirent tout juste l'effet, sur les paroissiens de la chapelle Kardéciste, d'une pierre dans un guêpier, ou mieux, d'un diable dans un bénitier.

Empruntons-lui ce court alinéa qui en dit long :

« Le monde des Esprits, venons-nous exposer aux hommes de science, n'est pas plus mystérieux que celui que vous foulez aux pieds. La théodicée est ici à l'état de croyance comme chez vous, et imposteur est celui qui dit être l'envoyé de Dieu. »

Grand fut l'émoi dans le clan des "fidèles". Par contre, bon nombre de spirites intelligents, qui gémissaient, *in petto*, du marasme où grouillaient des idées qui leur étaient chères, ne ménagèrent pas leurs sympathies à la jeune frondeuse.

Bientôt après, la rédaction bénéficiait de la primeur

d'un travail rémarquable, et de longue haleine, qu'un deuxième défunt, *l'Esprit Jean (?)* dictait lettre après lettre par le pied d'un guéridon. On ne s'étonne donc pas que, munie de tels éléments de succès, la *Vie Posthume*, que l'on aurait supposée n'être pas née viable, ait pu fournir quatre années de vaillant et brillant combat. Elle fut amenée, de la sorte, à participer à l'organisation du Congrès spirite, qui eut un si grand retentissement, et sur lequel elle exerça sa large part d'influence. Dans le volume documentaire qui fut imprimé à la suite du Congrès, les deux discours qu'y fit entendre M. George ressortent en saillie par l'indépendance des idées. L'un des orateurs, au sujet de la *Vie Posthume*, ayant prononcé le mot athée, M. George en profita pour faire une déclaration où, loin de se disculper, il accentuait, en la justifiant, l'accusation dont son journal était l'objet.

« Aux yeux de plusieurs de nos confrères — disait-il — nous serions les athées du Spiritisme. En ce qui me concerne, je ne me défends pas outre mesure d'une qualification qui, de flétrissante qu'elle est encore aujourd'hui, perdra toute acuité, lorsque, au lieu de signifier amour de la matière et néantisme, elle sera devenue synonyme d'immoralité et d'amour passionné de l'humanité. »

L'amour le plus divin c'est l'amour humain, disait-il encore au cours de cette déclaration qui vaudrait d'être citée en entier. En ces quelques mots soulignés se trouve résumée toute la philosophie de Marius George.

Quand on sort de la lecture attachante des quatre années de la collection de la *Vie Posthume*, on comprend mieux la conduite de ce chef barbare et païen, racontée dans l'*Irréligion de l'avenir*, qui, près de laver ses péchés en se plongeant dans l'eau sacrée du baptistère, ayant son *salut* sous la main et le *paradis* devant les yeux, demanda tout à coup quel serait le sort de ses compagnons tombés avant lui, morts sans la foi, et s'il pourrait les retrouver dans le ciel, — « Non, répondit le prêtre, ils seront parmi les misérables damnés, et toi parmi les bienheureux. » — J'irai donc parmi les damnés, car je veux aller où sont mes compagnons d'armes... Adieu ! Et il tourna le dos au baptême sauveur.

Cette haute leçon d'humanité, donnée par ce païen à ce prêtre n'est-elle pas comme la condamnation de l'idée mère elle-même d'où sont issus tous les systèmes religieux sans exception ? Que trouve-t-on, en effet, à la base de chacun d'eux ? Un Dieu quelconque qui serait tout, tenant écrasée sous sa botte, l'humanité, avilie et rampante, qui ne serait rien.

Quand il est avéré qu'il en est ainsi, que le sentiment exalté de la divinité implique dénigrement obligé de l'humanité, on se demande si les athées, à la façon de Marius George, ne seraient pas les véritables croyants, et ces derniers les vrais athées ; on se

demande lesquels servent le mieux la cause du progrès,
de ceux qui vont prêchant, à l'homme, le détachement
des choses d'ici-bas, l'abstinence, la pénitence, l'apla-
tissement, ou de ceux qui savent lui faire entendre
cette parole digne de fierté : « Homme ! relève-toi !
sache que tu ne saurais être jamais assez osé, jamais
assez debout, jamais trop libre. »

THÉODORE JEAN

L'art poétique, cet utile et actif auxiliaire des efforts sociaux, métamorphosant les doctrines, les faits, les rêves, coordonnant les idées du monde de demain, semble, poussé par les aèdes du renouveau social, se grandir en la désormais indissoluble harmonie de la pensée et de l'action.

Au milieu des enthousiasmes que soulèvent les poignantes sensations des foules et l'ondoyante souplesse des sentiments populaires, ils sont nombreux ceux réveillant les haines des uns contre l'égoïsme des autres et donnant, en des visions consolantes, une belle forme aux frissons de la douleur humaine.

Vibrante, loin des rigides théories, se dresse la personnalité littéraire de Théodore Jean, dont le décalque suit avec maitrise les hauts et les bas des éclairs de liberté.

L'auteur des *Genèses* et des *Croix*, en une poésie autant précise d'évocation que véhémente d'allure, possède la vision des couleurs et les teintes nettes, vives et tranchées, des grands poètes. Riches de coloris, ses vers étalent le rougeoiment de l'emblème préféré, et excitent la muse par des brusqueries et des envolées prises aux sources de la plus pure fraternité. Ses poèmes heurtent, au milieu de la gymnastique des impressions, soulevant de complexes, profondes et indéfinissables sensations.

Fils d'un homme politique ayant rempli plusieurs mandats électifs, Théodore Jean est né à Marseille en 1863. Très jeune encore, il se distingua dans le *Pilori*, où il donna des vers francs, pleins, au dessus des afféteries et des pleurnicheries habituelles aux poètes de son âge. Plus tard, s'engageant à fond dans la littérature, il fournit son active collaboration à la *Sève*. Ce journal disparu, la *Ligue du Midi* lui ouvrit ses colonnes, où nous y avons remarqué de lui un beau poème : *Paria*, dénotant une vigueur et une indépendance de rythmes bien personnelles.

Faisant alors partie du groupe les *Jeunes*, Théodore Jean fut un de ceux qui combattirent le plus en faveur de la décentralisation. Collaborant au *Midi libre* et à la *Revue Provinciale*, il publia des poésies humainement raffinées et belles de sentiments méridionalistes.

A son retour du service militaire, il entra en qualité d'expéditionnaire à l'hôtel de ville de Marseille, section de l'instruction publique. Son activité, son dévouement, le firent arriver rapidement premier commis, puis chef de bureau aux services des Beaux-Arts, où il est encore actuellement.

Entre temps, il publia des vers, des contes, des nouvelles dans une foule de journaux littéraires et même socialistes.

Champion inlassable des humbles et des exploités, Th. Jean possède une mâle éloquence, pour chanter l'*Idée* et les passions humaines. On sent, à la lecture de ses vers flammivores, une grande vibration, une resonnance virile.

Aussi, ennemi de toute espèce de pontificat, esprit généreux, il n'a jamais cessé de lutter pour le triomphe des idées sociales fécondes, seules initiatrices des évolutions intellectuelles et du Progrès.

LOUIS ASTRUC

Louis Astruc est né à Marseille, en 1857, d'une famille provençale et de classe moyenne. Chantre des magnificences provençales, il se dédouble d'un prosateur sympathique et délicat.

Que nous voilà loin, avec ce fier combattant de la liberté de l'art en Provence, des sonnettistes de boudoirs, des sentimentalistes mièvres, n'ayant qu'une corde à leur lyre et ne sachant même pas la faire vibrer!

Nous sommes ici en présence d'un vibrant, d'un sensationnel, d'un raffiné à qui la Provence ne rend pas toujours la justice qui lui est due.

Dès 1875, il débute, et ses collaborations deviennent nombreuses, tant à Marseille que dans toute la Provence. On retrouve sa signature au bas de jolis articles dans l'*Echo de Marseille* (1876); la *Jeune République* (1877); le *Petit Provençal* (1878); la *Provence Artistique et Pittoresque* (1882); la *Vie Marseillaise et Provençale* (1882); la *Ligue du Midi* (1883), etc.

Parmi les publications provençales : *Lou Prouvençau*, de M. de Villeneuve, aujourd'hui mari de la princesse Jeanne Bonaparte et député; *La Cigalo d'Or*, où il publia en feuilleton : *Uno pajo dou Carnavas*, qui a été traduit par Albert Savine, l'éditeur bien connu de *Mes Dossiers; Lou Brusc*, qui donna chaque semaine pendant un an des courriers artistiques et littéraires ; l'*Armana Prouvençau, La Calanco*, dont il fut pendant un an la cheville ouvrière ; la *Revue Félibréenne* et la *Revue Lyonnaise*, de Paul Mariéton ; la *Farandole*, de Paris, l'*Armana Marsihès*, etc.

Ses divers travaux lui valurent d'être nommé membre correspondant de la Société des langues romanes de Montpellier en 1875 et de l'Athénée de Forcalquier (1877).

Il est fondateur comme secrétaire de la Société des *Félibres de la Mer* (1877). Depuis 1885, il en est le vice-président.

En 1881, il publia son premier livre de vers provençaux : *Moun Album*.

Dans ce livre, son style poétique est encore inhabile, son esthétique semble disparaître, mais le fond est d'un grand accent de vérité, de majesté et de sympathie. En 1882, il lance : *La Marsiheso*, superbe drame en trois actes qui eut un certain succès. En 1885, il publie *Lei Cacio*, poésies de sentiments et de pénétration psychologique.

Dans le courant de la même année, il publia un livre de sonnets qui est absolument épuisé.

N'est-ce pas que voilà une vie de poète bien remplie ? En 1886, il a fondé et dirigé pendant près de trois ans : *Le Zou !* petit journal très littéraire et de combat, dont il a cessé la publication depuis peu, par suite de certaines divergences dans la rédaction.

Bon nombre de ses poésies ont été traduites à l'étranger même, où des anthologies italiennes et allemandes les y ont fait figurer. Son drame *La Mar-siheso* a été traduit en vers français par M. Constant Hennion, de Tours, traducteur de *Mireille*, le chef-d'œuvre de Mistral et de la Provence.

Tout récemment enfin, il donnait, sous le titre de *Per un Bais*, un nouveau volume de vers cueillis au cours d'un voyage qu'il fit l'an dernier, à travers l'Italie, où il alla représenter aux fêtes *béatriciennes* de Florence les félibres de Marseille.

Ce livre, que n'ont pas dédaigné d'orner de leurs traductions italiennes les poètes les plus en renom de la Toscane et de la Sicile, a eu le plus grand succès de presse tant en France qu'en Italie, et a valu à l'auteur les félicitations personnelles du roi Humbert.

Très indépendant, disant franchement sa pensée à n'importe qui, sur n'importe quoi, ayant beaucoup lutté en félibrige, souvent même contre les plus hautes personnalités, il ne compte que des amis, et tels qui ont pu être l'objet de ses critiques lui serrent la main. La meilleure preuve est que, en 1887, il a remplacé Théodore Aubanel, dont il était un des plus fervents disciples et amis, au fauteuil du Consistoire Félibréen ou *Académie* du Midi.

Comme tonalité psychologique, Louis Astruc nous paraît un cerveau sceptique combattu par un cœur très convaincu.

En ses poèmes, il chante les printemps de son adolescence, pleins de mélancolie et de tourments. Puis son faire se *durcit*, se *marbrise*, et alors il lance en ses poëmes brûlants, ses cris d'amour et d'adoration, d'espoirs, de regrets, de doutes et de rêves ! Son vers ample et musclé nous annonce un poète de bel avenir, à l'allure fière, aux nuances fortes.

Il n'est pas, non plus, un poète platoniquement idéaliste, chantant les dieux et les déesses et ne voyant rien au-delà de ces mythes et des nuages artistiques ; il a parfois des regards d'amour pour les humbles et des rayons de solidarité pour les prédestinés. En un mot, il nous laisse entrevoir, sous la patte de velours de lettré et de poète, ses griffes emporte-pièces de penseur.

Quoi de plus vécu, de plus saisissant, de plus humain que sa *Marsiheso*, son drame poignant, où, en voulant idéaliser son héroïne, l'auteur se sent pris de l'émotion cruelle où le met son épanchement mystique. Il y a là une émotion et une sincérité dont nous habituent fort peu les poètes modernes.

Dans *Lei Cacio*, ce sont des sonates superbes, des pantoums vigoureux, des carillons de tous les rythmes et de toutes les envolées.

Il y a là un enchevêtrement des idées, un si plaintif murmure du cœur, une si intense mélopée, un fluide d'amour si enveloppant, qu'on est comme subjugué. Son ivresse produit l'extase, ses rêves des visions éblouissantes, ses suggestions des voluptés infinies. Enfin il a l'exquisité de l'ironie lançant en des strophes de feu, en jet de lumière, des flots de lyrisme et d'idéalité.

EUGÈNE LAUGIER

(Urbain Mô)

Urbain Mô a choisi une carrière tranquille : le rond-de-cuir était fait pour lui plaire. Il y trouve des loisirs, qu'il consacre volontiers à l'art. Jeune encore, il a déjà fourni, dans la presse marseillaise, suffisamment d'œuvres et d'articles pour faire apprécier son talent original.

Prosateur et poète, il excelle dans les deux genres, bien que ses procédés soient différents. En prose, grâce à son tempérament nerveux, il écrit plutôt par sensation, que par réflexion, d'où, chez lui, toute exclusion de pensée forte; mais, en revanche, une patience infinie dans le choix des détails et des descriptions. Il affecte même dans ses compositions prosaïques une recherche exagérée qui parfois le rend excentrique, tant il sait rester personnel. Il faut remarquer chez lui l'assemblage d'idées ingénues et d'idées perverses, de bonhommie naturelle et de gouaillerie à la mode.

Dans les vers, c'est le contraire : Urbain Mô, soucieux de la forme plastique du vers, sacrifie volontiers toute la saveur de son imagination, ou, mieux, la déguise, la cache sous le brillant des images, la richesse des rimes, le coloris de l'expression. Et pour le lecteur, ce n'est pas une mince compensation, car il y trouve toujours le charme le plus exquis, joint à l'élégance la plus recherchée.

Il a collaboré à la *Lune Rousse,* dont il fut un des plus assidus et plus remarqués poètes. A donné des vers et des proses goûtés par l'élite littéraire à la *Revue Indépendante,* aux *Tablettes Marseillaises,* dont il fut un moment le rédacteur en chef, à la *Revue Française* et au *Midi Artistique.*

JOSEPH MATHIEU

Au milieu des fulgurantes étincelles de la raison qui, de tous côtés, éclatent, l'humanité, profitant des lumières de la science et n'escomptant plus les féeriques interventions d'une main divine, a posé ses lèvres aux bords de la coupe libertaire, loin des ruines et des vieilles idées, pour raminer les intelligences assoupies sous la cendre du découragement.

Ils sont néanmoins encore fort nombreux ceux qui, comme le doyen de la Presse Marseillaise, Joseph Mathieu, le vétéran et le plus sympathique d'entre ses membres, pourtant doués d'un esprit d'abnégation et de dévouement, n'ont pas ressenti le choc de ce grand conducteur électrique du courant humanitaire.

« Plantez, greffez des arbres, Daphnis ; vos neveux en cueilleront les fruits », a écrit Virgile. Semez de bonnes idées, faites les prévaloir ; préparez l'avènement d'une juste équité, et vous aurez beaucoup fait pour l'humanité, dirons-nous à notre tour aux écrivains, et cela faites-le sans vous travestir en Jacobins ou en pontifes de l'autoritarisme.

Né à Marseille, le 29 novembre 1829, Joseph Mathieu se lança de très bonne heure dans le journalisme. Ses premiers articles datent de 1847 et

1848. Entré au *Sémaphore* et à la *Gazette du Midi*, il fit paraître dans les deux feuilles de nombreuses études sur les mœurs et les coutumes locales d'antan, qui aujourd'hui, telles que les clarines d'un troupeau attardé, éveillent, pour les jeunes, le passé endormi.

Ses *Souvenirs de Marseille*, surtout, qui furent dans le *Sémaphore* si fortement remarqués, renferment des renseignements précis sur les annales de notre histoire locale, renseignements qui gagneraient à être connus de tous ceux qui peuvent s'intéresser aux choses du passé.

En 1855, avec Laforet, juge au Tribunal de Marseille ; Gaston de Flotte et Rondelet, alors professeur de la Faculté, Joseph Mathieu fonda la *Revue de Marseille*, qui n'a cessé sa publication que depuis quelque temps, après trente-huit années d'existence. Sa collaboration au *Courrier* et au *Journal de Marseille*, où il fournit de nombreux articles, et au *Petit Marseillais*, où il se fit fort apprécier, a été aussi très active.

Il a, dans ces divers journaux, contribué à populariser dans les masses le goût de la statistique, cette science qui, ne pouvant être livrée aux infidélités de la mémoire et aux caprices de la plume, demande une longue expérience et de nombreux documents. On peut dire de Joseph Mathieu, qu'il a réussi à l'appliquer à toutes les branches de l'activité Marseillaise.

Infatigable dans ses investigations, sachant que l'absolue certitude, animatrice de persévérance, fera de ses travaux, de ses conclusions, des forces tangibles, il les réunit en un livre des plus compacts, ayant pour titre : *Marseille statistique et histoire,* pour lequel il obtint, en 1878, le prix Beaujour.

Tout en continuant avec une émulation de plus en plus féconde ses travaux littéraires et de statistique, Joseph Mathieu fut mêlé au mouvement politique. Il occupa, de 1856 à 1866, pendant près de dix ans, à l'Hôtel de Ville, les fonctions très élevées de secrétaire particulier de M. Honnorat, alors maire de Marseille ; son départ a laissé dans notre cité, où il fut regretté par tous, les meilleurs souvenirs.

Il se consacra alors plus spécialement à la Chambre de Commerce, dont il était, depuis 1864, chef du secrétariat et où il occupe, depuis près de sept ans, les fonctions de secrétaire-archiviste. Dans cette fournaise des intérêts mercantiles, où Mercure est dieu, il se cantonna tout là haut, dans son cabinet, loin de la démoralisation d'en bas, et s'occupa activement de la création d'une bibliothèque publique.

C'est aussi à Joseph Mathieu que l'on doit la publication de l'important inventaire des archives anciennes et modernes de la Chambre de commerce, dont le travail fut confié à un de ses amis intimes, M. Octave Teissier, qui réorganisa jadis le service de la statistique commerciale, dont les données furent si utilement complétées par celles des sciences complexes.

Mais, pendant ce temps, le délicat et profond écrivain qu'est Joseph Mathieu ne cessait de faire partager, en diverses brochures, le résultat de ses observations à ses compatriotes. Il y a quelques années, après un voyage à Turin, il publia une étude des plus intéressantes sur l'administrarion municipale et commerciale de cette ancienne capitale de l'Italie, étude très curieuse.

Enfin, une biographie du Centenaire Rout, mort en 1863 et qui avait joué un rôle prépondérant, à côté de ses amis Mirabeau, Maury, Barras, et autres personnalités marquantes de l'Epopée Révolutionnaire, le classe hors pair parmi nos historiens biographes.

J.-F. MALAN

Chaque jour qui s'écoule nous montre la littérature se transformant peu à peu, évoluant avec accentuation en ses circonlocutions vers une discussion plus réfléchie des faits économiques patents, significatifs prodromes du renouveau social. Désormais irrémédiablement poussée, à la fois vers un humanitarisme élevé et vers cette solidarité instinctive du bien et du beau présent avec le mieux à venir, elle peut, lancée dans cette voie, marcher sans crainte à sa complète rénovation.

Parmi les nombreux écrivains qui cherchent à hâter cette marche, figure J.-F. Malan. Analyste tout aussi profond que sagace, il est de ceux pour lesquels le beau en littérature est un terme libre et surtout bien personnificatif des idées émises et des questions traitées.

Comme journaliste, Malan débuta au *Républicain des Alpes*, en 1880, et y collabora jusqu'en 1887, alternant sa collaboration avec les obligations de secrétaire de rédaction des *Alpes démocratiques*. Depuis, il s'est surtout attaché à la critique littéraire, qu'il aborde brillamment, et, s'il n'était un timide que la modestie par trop écrase, avec ses facultés assimilatrices et son intellect fortement cultivé, il serait une des plus sûres plumes de la région.

Commentateur infatigable d'œuvres sociales et littéraires, il a su se révéler écrivain subtil et délicat. Travaillant à vulgariser les grandes idées d'humanité et de progrès social, son activité trouva place en une brochure sérieuse sur le penseur Strada, le célèbre auteur de l'*Epopée humaine*. La précision des phrases, la pureté des termes et la valeur des idées soulevées dans cette œuvrette, nous ont révélé un écrivain de bon goût et de large envergure.

En outre de quelques études assez importantes, Malan a publié des nouvelles très remarquées, notamment dans *Le Radical*, *L'Evénement*, *La Lanterne*, *Le Don Juan* et *Le Dimanche*, où parut *Le Fils*, étude socialiste. Comme romans, nous connaissons de lui : *Lucien Gauthier*, *Amélie Garnier*, *Prêtre*, *Simplement*, *Artiste* et une pièce en trois actes : *Le premier amant*, refusée en 1889 à l'Odéon, mais que nous ne désespérons pas de voir bientôt représentée sur une de nos scènes de genre.

Admirablement armé pour les nécessités des polémiques journalières, son appétence pour le journalisme le fit tout d'abord entrer comme reporter au *Radical*, où il resta quelques années. Enfin, sollicité par l'administration du *Petit Provençal*, il n'a cessé, depuis, d'apporter à ce journal l'appui de son utile collaboration.

Entre temps, réunissant autour de lui les meilleurs écrivains socialistes de notre ville, il publia, sous le suggestif: *La Vie*, une revue littéraire et sociologique, qui lutta pour la décentralisation et s'imposa à l'attention des intellectuels. *La Vie* disparue, Malan poursuivant ses critiques littéraires, a, depuis, semé, dans divers organes du parti, des études qu'il se propose de réunir en un fort volume. Ce sera là un régal pour les lettrés.

LUCIEN MENVIELLE

Né à Marseille en 1855, il a donc quarante-un ans sonnés. Il entra dès l'âge de dix-huit ans dans l'administration des douanes, où son père était contrôleur. Tout en alignant des chiffres et en faisant des lettres commerciales, la littérature l'attirait comme un magique aimant. Il débute quelques mois après dans la *Presse littéraire*, où il donne des chroniques, des fantaisies et fait la chronique musicale. En 1878, il collabore à la *Jeune République* et fit partie des *Jeunes*. Il prend part à la campagne contre le 16 mai, et d'une façon si ardente, qu'il fut engagé à donner sa démission des douanes pour se consacrer exclusivement au journalisme.

Il reste à la *Jeune République* (depuis le *Petit Provençal*) jusqu'en 1883, époque où il prend la rédaction des *Alpes Républicaines* de Gap. En 1884, il est appelé à Paris par Granet à la *Nouvelle Presse*, qu'il quitte fin 1885 pour retourner dans les Alpes.

Plus tard il dirige, à Grenoble, le *Réveil du Dauphiné* jusqu'en 1888, époque où il eut son dramatique et retentissant duel avec le célèbre polémiste Gustave Naquet — dont nous eûmes l'honneur d'être le secrétaire particulier vers la fin de ses jours. Il est appelé ensuite au *Petit Provençal* à la suite de la mort de Pierroti dans les conditions tragiques que l'on sait.

Marié à Aix en 1881, il se fit dans cette ville une réputation d'impartialité et de bravoure. A des élections complémentaires du Conseil municipal, il fut élu en tête de la liste, malgré son refus de toute candidature. Il démissionna aussitôt, estimant que sa profession de journaliste était incompatible avec des fonctions publiques.

En littérature, en dépit d'une éducation farouchement classique, il est très large d'idées, très éclectique et sans parti pris, admirant tout ce qui est beau. Il admet les formules nouvelles, exécrant les marmitons littéraires *Georges Ohnet* et *Sarcey*. Sous le rapport du style il est Flaubertiste, les livres de Flaubert formant la première partie de sa bible littéraire.

Il a publié en 1884 un coquet volume de fantaisies : *Le Carnet d'un flâneur*, pages remplies d'humour et d'esprit ; puis un volume de croquis : *A travers la Provence*, et une *Géographie des Hautes-Alpes*, adoptée par les écoles de ce département.

Si le style est l'homme même, le genre littéraire de Menvielle est à l'avenant avec son organisme. La taille moyenne, les yeux doux, de l'émotion dans la voix, de la vibrance dans le corps, ses phrases sont courtes, hachées, parfois fiévreuses. Très impressionnable, il fixe en ses écrits le tic tac de son cœur, l'analyse de son âme et la virilité de ses pensées.

Sous le rapport des idées, s'il ne lui a pas été donné de s'élever par le talent, du moins il s'est toujours signalé par des convictions inébranlables et fières.

A propos d'un récent procès en diffamation contre des reptiles qu'on ne saurait nommer, Menvielle s'élevait dans le *Petit Provençal* avec une rare énergie contre les *égoutiers littéraires* qui insultent les sentiments les plus chers et brisent les réputations les plus honorables pour satisfaire leur perversion. Il nous montrait en cet article d'une vigoureuse sincérité deux catégories de journalistes : La première, composée de travailleurs de la pensée, mettant leur talent et leurs bourses au service de la vérité, frappant sans merci les masques et les génuflectaires, qui par des infamies et des mensonges s'élèvent à la surface du courant public comme des crapauds sortant de la vase ; dans l'autre, réceptacle de tous les déclassés, de tous les extraits de zéro, sourds à la justice et à leurs consciences, des drôles, n'entendant que les désirs de leurs estomacs et n'écoutant que ceux qui leur remplissent les poches ! Cette catégorie, formant la majorité des journaleux en quête de situations ou de réclame basée sur la fumisterie, mérite cette flétrissure.

Menvielle, avec une indignation superbe, fit justice de ces égoutiers littéraires, grouillant sur le *Pavé Marseillais*.

Cet article souleva des colères, des cris de haine dans ce milieu d'abjection, mais eut pour résultat de mettre Menvielle en une pleine et logique lumière et de lui valoir la sympathie des indépendants, seul but de l'écrivain consciencieux.

Menvielle vient de publier un nouveau livre : *Bavardages*, où, loin de décliner dans son application, il se rehausse encore sous la magie de son style personnel. Cependant, si la critique avait à juger ce volume, à coup sûr elle lui ferait un mauvais parti ; les zoïles ne voudraient pas reconnaître pour un maître livre cet ensemble de belles choses que rien ne relie, que rien n'enchaîne, qui semblent jetées en désordre dédaigneusement, pareilles aux joyaux d'une belle parure dont le filament serait rompu. Aussi il y a dans ces *Bavardages*, dans ces cancans, une foule de piquantes anecdotes délicieusement racontées.

Avec la finesse d'observation et l'incisivité de touche qui lui est propre, il sculpte des simples faits divers, prouvant ainsi que les plus humbles procédés peuvent être annoblis par les résultats. Son style coloré, plein de grâce, souvent plein d'ironie, dénote une esthétique qui formerait un ensemble merveilleux et d'une profonde philosophie, pure comme le cristal, miroitante comme le rêve en ses vagues images.

Menvielle a eu plusieurs duels, dont quelques-uns ont fait quelque tapage à Marseille, entre autres celui avec Châtaud, rédacteur de la *Vedette*, qui mourut quelque temps après. Menvielle salua sa mort de quelques lignes qui lui valurent une longue polémique avec Léonce Jean, alors conseiller municipal.

Menvielle ne fait pas que du journalisme ; il paye aussi son tribut à la littérature, en une foule de manuscrits qui gisent chez lui pêle-mêle.

Il a en préparation un très curieux roman : *La Chaîne*, qui sera un des cas particuliers et intéressants de la question du divorce traitée dans toute sa plénitude. Au point de vue du style, il est écrit sans préoccupation d'écoles, mais d'allure moderne.

Lucien Menvielle fait beaucoup moins de bruit que les autres, parce qu'il a horreur de la réclame malsaine et à la portée de toutes les niaiseries. Il préfère travailler ferme tout en ne négligeant pas le métier qui le tient comme un esclave sous la poigne d'un maître. Son seul désir ardent est de retourner comme Cincinnatus (soyons modeste) à la charrue, en villégiature à Aix, où sa famille possède une petite terre, et s'enterrer farouchement en pleine campagne. Là il vivrait en paysan avec son mépris profond des biens d'ici-bas et du charlatanisme.

Peut-être a-t-il raison !

LÉON DE MONTAGNEY

En une époque de littérature anémique, de sentimentalisme dégradé et de lyrisme délirant, les brouillons, les incapables, les ambitieux, toujours dépourvus d'idées et d'esprit, semblent avoir formé une secte, à eux spéciale, que la foule, cette courtisane volage et déréglée, conduit pour ainsi dire à l'apogée de la gloire que ne méritent pas leurs talents. Poitrinaires satanés, ils ignorent que, comme l'a dit Baudelaire, après Hippocrate : *l'art est long et la vie est courte.*

Il est grand le nombre des nuls, et il est encore plus grand celui des ambitieux et des rêveurs de popularité factice ! Inutile de sortir de la littérature marseillaise pour les trouver ; voyez Tartampion, voyez cet autre, un félibre honteusement plat qui étale tous les dérèglements d'une nature écervelée.

Tartampion, le premier de ce duo, esprit faussé, intelligence inférieure, n'ayant rien dans le cœur, rien dans l'âme, est un sentimental jusqu'aux bouts des ongles.

Romancier, il a osé publier un roman absurde, fait tantôt dans les imprimeries, tantôt dans les tavernes entre deux verres de bière, ou ce qui est plus abrutissant: d'absinthe. Roman dans lequel l'ésotérisme le dispute trop souvent à la bêtise, et la mauvaise con-

ception à la dureté du style. L'élan ne vaut rien ;
quant au nerf général, il n'y en a pas. Nous avons
parfois lu cette ineptie, qui a failli nous faire vomir.
Le roman : publié dans un journal de cocottes, il n'est
lu que par les petits jeunes gens en mal de perversion
et par les commis des magasins de confection.

Vaudevilliste : sa nullité et son incapacité notoires
font pendant au romancier. Il a charpenté quelques
petites pièces qui ont reçu les bravos de petites mères
et des vieillards libidineux.

Si ses médiocres pièces ont été admises et jouées
sur nos scènes locales, c'est que les directeurs à qui
Tartampion portait ses manuscrits, sachant la position qu'il occupait dans la presse marseillaise, escomp-
taient les petits bénéfices ; car les épaves de cabotins,
les débris d'histrion possèdent tous à l'endroit appelé
cœur une liasse de billets de banque.

Les œuvres de Tartampion sont encore au-dessous
de la banalité courante. Ses pièces sont ennuyeuses à
entendre et surtout à interprêter ; généralement très
mal charpentées, elles sont creuses d'idées, et ne sont
amusantes que pour de vieux noceurs en rupture de
bon sens.

Les productions de Tartampion possèdent-elles le
vernis avec lequel on s'élève et on subsiste ? Point du
tout. La foule ne va que vers celui qui fait le plus de
grimaces et caresse le plus ses mauvaises passions,
mais elle se lasse vite, et alors elle ensevelit dans

l'oubli le cabotin qui s'est grisé de cette avilissante vogue.

Rien ne persistera donc de l'extrait de zéro qui se reconnaîtra dans ces quelques lignes et que nous pourrions désigner en disant qu'il est l'*encombrant* dont la soif de réclame ne contrebalance que son désir de vaniteux. Les confrères le reconnaitront, car il n'est pas avéré que la médiocrité en matière d'art ait bénéficié des faveurs de l'histoire.

Léon de Montagney, au contraire, frappe d'estoc et de taille sur les *mastodontesques,* et leur a juré une inaltérable haine. Maître de sa plume et de sa pensée, il n'ignore pas que les idées ne sont pas des champignons, poussant naturellement, mais bien des trésors qu'on ne découvre qu'en fouillant dans les profondeurs des événements et en travaillant ferme. Il est plus facile d'amuser la foule que de l'instruire, et, pour transmettre des idées à la postérité, il faut les avoir arrosées de son sang et de ses larmes, après avoir subi la torture de ne pouvoir écrire l'œuvre rêvée.

Montagney s'est essayé dans plusieurs genres, et dans tous il a montré ses qualités d'émotionnel et d'artiste. Il a surtout excellé dans la chronique écrite au courant de la plume, selon les hasards de la pensée. Ses études littéraires sont des pastels aux vues délicates, aux nuances tendres. La postérité saura son nom ainsi que la contemporanéité, du reste.

Tout jeune encore et doué du courage et de la

grande force d'indépendance morale avec laquelle on devient un homme véritablement libre, Léon de Montagney n'est pas précisément un nouveau venu dans la presse marseillaise.

Dès qu'il se sentit capable de tenir une plume, — et c'est son éloge, — il s'est vaillamment lancé dans la mêlée ardente, cognant ferme les incapacités notoires et ambitieuses.

En 1887, il rompit sa première lance dans le *Réveil National*, où il se fit remarquer par ses articles primesautiers.

Puis il entre au *Travail National*, où il laissa trace de ses qualités exubérantes de vitalité ; devint rédacteur en chef du *Forum* et secrétaire de la rédaction de l'*Eclaireur de Marseille* ; combattit ensuite à nos côtés dans plusieurs journaux parisiens pour la cause de la liberté, et reste actuellement attaché à une feuille républicaine de Marseille.

Nous ne connaissions pas Montagney il y a trois ans ; nous nous rencontrions avec lui dans le bureau de la rédaction d'un journal politique, à notre retour d'Alger, où il nous fut présenté par un ami commun, actuellement député de Paris. S'il est vrai que la première impression est toujours la meilleure, celle que nous fit Montagney fut de suite sympathique. Nous entrions en rapport avec lui et nous ne tardions à sceller un pacte d'amitié sincère et durable, que rien jusqu'ici n'a pu démolir, en dépit des attaques et des calomnies d'adversaires politiques guidés par l'esprit de secte et par la manie du mal.

· Léon de Montagney, tout en se livrant à la littérature et à la politique, étudie avec passion la science d'Hippocrate, car il vient de passer son doctorat : esprit très développé, il émerveille ses confrères en médecine par sa rectitude et sa pénétration.

. Il a plusieurs volumes sur la planche, dont il ne parle jamais par modestie, notamment un roman de mœurs marseillaises ayant titre : *Un hiver à la campagne*. Il compte aussi réunir ses meilleures chroniques en un volume qui aurait pour titre : *Les Echappées*, chroniques d'un débutant.

Nous sommes trop l'ami de Montagney pour oser dire tout ce que nous pensons de lui. Il n'est pas de ceux qui ont besoin d'un encens plus ou moins accentué, mais bien un de ceux qui s'imposent à l'attention du public et des lettrés par des œuvres qui sont des révélations.

Montagney travaille, élabore son œuvre, et le jour n'est pas éloigné où cette œuvre sera sur les fonds baptismaux de la publicité. Ce jour-là le public saluera un écrivain de race, de pensée et de doctrine, naissant au phénomène immédiat de la race des forts.

XAVIER MAUNIER

Xavier Maunier est né en 1855, à Marseille, et a par conséquent quarante-un ans sonnés.

Il débuta par un poème très banal : *Médor à l'assemblée nationale*, qui passa, du reste, absolument inaperçu. Il fut un des fondateurs du *Portique* et fit ses entrées dans la presse par *Marseille illustrée*, qui ne vécut que quelques numéros. Il publia dans ce journal des vers satiriques qui dénotèrent un admirateur des choses démodées, un égaré sous les verts platanes du classicisme. Il publia ensuite une petite plaquette : *Vieille Maison*, poème qui ne vécut que ce que vivent les roses : l'espace d'un peu de soleil et de... vent.

Entra au *Bavard*, à la *Vedette*, au *Furet*, à la *Méditerranée*, au *Rabelais*, etc., etc.

Il chroniqua assez longtemps au *Masque*, et depuis il a abandonné la poésie, dont il ne se sert plus que dans des circonstances indispensables, telles que *baptêmes, mariages*, etc., etc. Passe ensuite à l'*Etincelle*, où il est depuis huit ans ; collabora au *Citoyen*, au *Sémaphore*, au *Soleil du Midi*, et trône au *Mondain*, où il fait la chronique fantaisiste.

Entre temps, fait deux ans de causerie littéraire au *Journal de Marseille*, fonde *Polichinelle*, vaste journal qui ne vécut que trois numéros et fut enterré solennellement en un banquet absolument original. Sur la table du festin avait été dressé un catafalque entouré de cierges lithurgiques et sur lequel reposait un petit polichinelle décédé. Avant le banquet des lettres d'invitation avaient été expédiées, encadrées de noir, et rédigées dans le style mortuaire. Ces lettres furent envoyées dans toutes les rédactions, et, au banquet, on couvrit polichinelle de vers et de prose funéraire.

Il publia, en 1882, un petit recueil de vers : *De chute en chute*, qui obtint un assez vif succès. Depuis il chronique d'ici de là, au hasard des journaux.

Xavier Maunier est un classicique endurci, il adore Boileau, qu'il ne cesse de relire, et, en littérature, il s'arrête au mouvement de 1830.

Esprit gaulois par excellence, il ne recule pas devant le mot hardi, exprimant sa pensée. Il aime les vieux auteurs *crus*, qu'il relit entre une tragédie de Baune et une oraison funèbre de Bossuet.

Il nie catégoriquement les *jeunes* et tous ceux qui apportent un genre personnel et des idées. Pour lui, les inventeurs de formules sont des charlatans. Il adore Edmond About, il pleure avec Musset, il sanglote avec Lamartine, il tremble avec Hugo ! Mais son esprit ne les digère pas, il n'en entend que des sons et des murmures. En un mot, c'est un conservateur de cimetière littéraire ayant tous les cultes d'autrefois, tous les respects pour les vieilles idoles, toutes les sympathies pour les littératures décédées.

GEORGES MARTZ

Dans la furieuse mêlée, nombreux sont les jeunes talents ayant une foi profonde en un demain affranchi des formules exclusivistes de certaines écoles ; amoureux du neuf, épris de vierges idéales, la passion se mêlant à la dialectique, ils en arrivent, de tout un monde de généreuses pensées, à l'engloutissement dans les abîmes d'un profond scepticisme.

Chez Martz, la forme littéraire revêt, par une affectation voulue, une tendance annihilant une inépuisable richesse d'expressions ; une verve s'exhalant en une chaude griserie fait reconnaître en lui une de ces imaginations avides d'enthousiasmes et de nouveautés imbues d'un talent bien personnifié.

L'écrivain, en possession d'une solide culture intellectuelle, habile en la construction de ses phrases, curieusement pompeuses en leur agencement, arrive néanmoins à exciter une certaine tension émotionnelle, dénotant admirablement les tendances d'un intellect uniquement occupé de son Moi ; rêvant à une possibilité de dictature littéraire qu'il lui serait loisible d'exercer, il s'efforce d'imprimer jalousement sa griffe à tout un style qu'il prétend à lui, exclusivement à lui.

Combien l'écrivain gagnerait à se défier de cette petite faiblesse ; une fois cette sorte de vanité de lui-même secouée, admirablement meublé, prêt pour le combat, il pourrait plus facilement suivre ses affinités et travailler au renouveau qu'il semble désirer. Jeune encore, il arriverait à être véritablement un des nombreux initiateurs de l'évolution intellectuelle qu'un nouveau demain verra s'affirmer.

Né à Marseille, en 1863, Martz fit la majeure partie de ses études chez les prêtres, mais, ses premiers vers, dont la prétention était d'être très mystiques, semblaient bien plutôt sensualistes et respiraient comme une espèce de langueur maladive. Depuis, la muse, qu'il a énormément caressée, l'a rendu père d'une grande famille d'autres nombreux vers, venant consacrer un certain prolifisme poétique.

Comme écrivain, l'œuvre de Martz est assez importante. Nous citerons : Un roman psychologique, *Le Chemin de la Croix* ; un volume de vers, *Les Sept cantiques* ; une série de poèmes sur *Les Soldats* ; *La Confession du soir*, d'un mysticisme voluptueux ; *Hymnes à Lesbos* ; enfin, deux comédies : *La Mort de Pierrot*, et une autre très libre d'ailleurs : *La Mère*.

Secrétaire de la *Revue Moderniste*, de combative mémoire, Georges Martz s'attacha à traduire ses émotions avec la vigueur et l'éclat d'un dialecticien consommé et d'un penseur autant judicieux que sagace. Une de ses nouvelles : *Vieilles Lettres*, fut reproduite en partie par le supplément littéraire du *Figaro*, fournissant à Marcade le sujet d'une critique des tendances de la nouvelle Ecole.

Après avoir collaboré quelque temps, en compagnie de Jean Lombard, dans *Marseille républicaine*, l'administration du *Radical* ayant fait appel à son concours, le prolixe écrivain s'empressa d'accepter. Bientôt après, il entra à l'ancien *Pavé*, que l'on venait de fonder. Dans cet organe qui fit quelque bruit, le style de Martz, plein d'éclat, de verve et d'audace, s'affirma en des articles sortis de la plus pittoresque imagination.

Critique théâtral du *Petit Marseillais*, l'ancien directeur du *Pavé*, depuis quelques années, exprime, avec de réelles qualités d'observation et d'inspiration, des jugements d'une impeccable sûreté de sentiments et d'intenses sensations de connaisseur.

Principal rédacteur du journal satirique *La Rue*, où son esprit fusant en des fuites d'une ironie des plus mordantes sait faire vibrer le clavier d'un enthousiasme de commande, le *Moi* de Martz ressort en un merveilleux pétillement de mots jouant au milieu des phrases.

CAMILLE MAUPIN

Né en 1840, M. Maupin est un jeune par le talent et par l'esprit. Ses écrits sont empreints d'une gaieté et d'une raillerie qui sont l'apanage d'une verdeur bien conservée. Au physique, grand et sec, tout nerfs ; il porte binocle, et, signe caractéristique consigné dans toutes ses biographies, et qui fait le désespoir de son ami Maunier, a le crâne poli comme une boule d'ivoire.

Le *Tremplin*, journal satirique, reçut son premier conte en vers. Depuis, il a collaboré régulièrement aux journaux *Le Diable, le Furet, la Mascarade, la Marotte* et *le Bavard*. Dans *le Masque* et dans *l'Etincelle*, il a publié une série de fines critiques et de contes humouristiques sous le titre significatif de *Rimes folles*.

Il a réuni les meilleures de ses œuvres en un volume intitulé : *Vie en Ruolz*. On retrouve dans cet ouvrage les maîtresses qualités du conteur rabelaisien, avec une légère pointe de modernisme et de localité. Maupin s'y montre tel qu'il est, bon enfant, toujours prêt à rire des travers des autres, mais sans mauvaise pensée, sans recherche, presque naturellement. Ennemi acharné du conjungo, en sa vie comme dans ses écrits — il est célibataire — il a plaisanté avec beaucoup de verve, et souvent non sans raison, les maris dont parle Molière.

Ses rimes, pour n'être point millionnaires, n'en

sont pas moins gaies : elles retrouvent même en gaîté ce qu'elles perdent en richesse. Bonnes filles, elles s'assoient carrément au bout des vers et causent entre elles avec des rires éclatants qui ne détonnent pas dans l'harmonie de la phrase, car le rythme comme le style suit l'idée à la douce franquette.

Membre du Syndicat de la Presse Marseillaise, il en a été, pendant cinq ans, de 1887 à 1892, le trésorier actif et intelligent.

Si on réunissait les œuvres poétiques que M. Camille Maupin a clairsemées dans divers journaux, on en ferait un recueil de plus de 5.000 vers, tous bien venus ou plutôt tous bien conduits par la Muse folle. Cependant, malgré la souplesse de son talent, ce poète humouris-tique n'a jamais demandé à la littérature plus qu'elle ne pouvait lui donner. A coup sûr — et il le savait — la brave fille ne lui aurait pas laissé de quoi se faire enterrer, mais, en revanche, la bonne humeur de Maupin lui a assuré de nombreux et de sincères amis.

G. NANDYFER

Parler de Nandyfer, c'est remuer tout un monde; c'est aussi revivre par la pensée ces années d'ardentes luttes où, avec acharnement, on combattait pour l'établissement de cette entité : la République.

Fils d'une des nombreuses victimes de l'homme du Deux-Décembre, ayant vu traîner son père de prisons en prisons, il voua au Bonapartisme une de ces implacables haines que ni le temps, ni la satisfaction du triomphe n'ont pu éteindre. Aussi, lors des événements qui ensanglantèrent Marseille en 1871, Nandyfer était-il à son poste, et, au plus fort de la tourmente de réaction qui suivit l'échec de l'insurrection, ne craignit-il pas de lancer contre le général Espivent, de si triste mémoire, *la Mitrailleuse*, virulent pamphlet qui lui valut son incarcération au fort Saint-Nicolas, où il partagea le sort de ceux qu'il venait de défendre.

Publiciste de valeur, il est, par la solidité de son raisonnement, la fermeté de ses convictions, un de nos meilleurs écrivains. La phrase vive, harmonieuse, dans le tourbillonnement de la pensée, d'une clarté et d'un purisme de style peu communs, possède un éclat et un entrain qui font merveilleusement ressortir les richesses intellectuelles de l'artiste littéraire.

Nouveau Mécène, Nandyfer n'a jamais cessé de

lutter pour une nouvelle palingénésie des lettres contre la cohue d'esprits sans jugement, sans idéal, sans scrupules, dont les nombreuses convoitises se résument en un seul *Credo* et dont la plume déshonorée se complaît en de mesquines souplesses.

Philosophe, sociologue, polémiste, chroniqueur, il a toujours dépensé une activité dévorante dans tous les ordres de la production littéraire. S'efforçant de faire ressortir les efforts des consciencieux ; poussant les jeunes à sortir de l'ornière, il fit, malgré la férule des sensureurs directoriant, preuve d'autant d'indépendance que de fermeté.

Après avoir fait paraître la *Bête Morte*, satire du régime déchu, écrite dans la langue de Baudelaire, avec la coupe et les retours d'une sombre ballade, et comme les imprécations politiques ne nourrissent pas toujours les poètes, il dut se retourner ailleurs et fonda, à Marseille, les premiers *Romans-feuilletons* à cinq centimes, qui jouirent d'une belle vogue et d'un succès considérable.

Mais, la haine de Nandyfer ne désarma point pour cela. Plus résolument que jamais, il se lança dans la lutte politique, répandant de la prose et des vers caustiques dans tous les journaux de notre ville, jusqu'à ce qu'on vint le quérir pour l'associer à la fondation d'un journal démocratique quotidien, qui fut baptisé, avec un certain esprit d'actualité, *la Jeune République*. Il sut tellement s'y mettre en relief, par son talent, et ses mérites furent si bien appréciés, que, lorsque cet organe disparut pour faire place au *Petit Provençal*, l'administration nouvelle s'empressa de le conserver à la rédaction. On peut dire qu'il a, pendant la longue période de sa collaboration à ce journal, rendu de signalés services. C'est par milliers que se comptent les articles dans lesquels Nandyfer fit fuser sa fine et mordante ironie et donna la preuve d'un profond et juste esprit d'observation.

Mais son œuvre n'est pas circonscrite en de simples articles d'actualité; l'écrivain fit successivement paraître une douzaine d'études assez volumineuses, telles que l'*Auberge du Père Hiroux*, petite étude locale vivante et vécue; le *Cabanon des Rancis*, petit joyau de la même mine; les *Petits Mystères du Jarret*, soulevant par des pensées suggestives de douces rêveries; les *Cris de Marseille*, esquisses des mœurs de la rue, rendues avec une vigueur d'eau-forte; *Victor Hugo chansonnier*, très délicate étude littéraire; la *Prostitution à Marseille*, sujet réaliste n'excluant pas une sobriété de bon goût et de bon ton; *Voltaire et M. Dupanloup*, une étude des idées voltairiennes; *Critiques éparses*, un fort volume, où se trouvent réunis de nombreux articles écrits au jour le jour; et, enfin, l'œuvre capitale de Nandyfer : *Cypranus Esclafaris !* « Des mots, des mots, des mots ». Cette citation de Shakespeare, qui sert d'épigraphe à l'ouvrage — trop connu pour en parler à nouveau —

résume en Gambetta l'homme et son œuvre : l'opportunisme.

Aujourd'hui, le loup politique de vingt ans s'est fait agneau. A chaque buisson de la route, à chaque épreuve du cœur, il a laissé un lambeau des chimères dorées de sa jeunesse. Désillusionné des hommes et des choses, il avait, depuis quelques années, disparu de la scène de l'action. Le voici reparu avec la *Puce*, une petite publication toute pétillante d'esprit. Ce sera, peut-être, comme un recommencement de sa vie ; puisse-t-il égaler le passé.

OUVIÈRE

Son tempérament de vrai bohème marseillais et son exhubérance méridionale l'ont jadis empêché de prendre place dans la cohue toujours montante des poètes psychiques, ou des chroniqueurs des relativités pensantes du fait divers.

Passionné de tout ce qui est humainement beau, laissant de côté le champ si artistement figuratif de la peinture, pour celui plus exactement précis de la photographie ; sincère admirateur des poètes, des littérateurs et des savants, maniant tour à tour tout aussi bien l'objectif que la plume, Ouvière ne pouvait moins faire que de devenir le photographe en titre de la presse marseillaise.

L'exposition des portraits-albums, qu'il eut l'idée de créer il y a quelques années, et où figuraient les littérateurs marseillais, obtint un très grand succès. Les quelques mots que chacun d'eux avait, en guise de dédicace, tenu à décerner au photographe, indiquent suffisamment en quelle estime ils tenaient leur sympathique confrère...

« Confrère » n'est pas de trop... Ils sont nombreux les articles sur la photographie, qu'il a publiés dans divers journaux. Partant d'une orientation nette et méthodique, ils sont là pour affirmer sa compétence en la matière, compétence dont il s'est toujours servi pour vulgariser ses derniers perfectionnements.

Nous avons en mains une de ses lettres en réponse à un directeur de journal, qui lui demandait une chronique sur la photographie.

La voicie toute nue :

MON CHER DIRECTEUR ET AMI,

« Vous me faites l'honneur de me demander une chronique sur la photographie, le sujet pourrait fournir de longues dissertations car le champ en est très vaste, mais je suis fort embarrassé pour répondre à votre aimable désir. Vous savez que raisonner chimie et portrait serait peu intéressant pour vos lecteurs et qu'il est difficile de rendre une chronique amusante à moins de faire revivre les inoubliables caricatures du célèbre artiste Lavratte où le garde-champêtre, armé de plein pouvoir, accuse de mitrailleur le pauvre adepte de la corporation du fameux « ne bougeons plus. »

« Il faudrait pour dépeindre quelques scènes semblables une plume plus autorisée que la mienne. Que dire en effet de la photographie ; si quelque chose peut intéresser le lecteur touchant cet art, ce sont les résultats obtenus ici, résultats qui ont atteint un degré que nulle ville jusqu'à ce jour n'a pu dépasser, car toutes les innovations qui ont marqué dans l'histoire de la photographie ont trouvé naissance à Marseille. Depuis les premières impressions en couleur jusqu'aux plus grands agrandissements avec lesquels une de nos maisons a obtenu à une exposition universelle les plus hautes récompenses, rien n'a manqué à notre art ; il faudrait vous parler encore des instantanés aux plus petites fractions de seconde, des photographies panoramiques en ballon, et d'une foultitude de procédés nouveaux qui seraient beaucoup trop longs à décrire ; je serais obligé de vous dire ce que tout le monde sait déjà. Voilà pourquoi je ne vous fais pas de chronique.

« Veuillez agréer, etc. »

L'on peut même affirmer que, sans provoquer des émotions d'ordre quelconque, son procédé d'écrire charme, alors qu'il sort du scientifique, par les fissures d'idées qu'il sait ménager à propos.

Sa philosophie n'a d'ailleurs rien à voir avec la sagesse ; causeur peu vulgaire, toujours approvisionné de détails des plus intéressants, sa franche gaîté semble déteindre aussitôt sur ceux qui l'écoutent.

A côté de cela, aimant tout ce qui est beau et grand, il ne dédaigne pas d'entrer dans la discussion d'horizons plus vastes et d'envolées plus idéales.

Pour lui, il s'agit de définir l'art et de créer le juste équilibré entre la vision et la compréhension intellectuelle des choses. Il veut, enfin, qu'à chaque artiste, il soit réservé sa place dans l'art librement manifesté.

JULES PÉTRIER

Une des plus vivantes physionomies du monde maritime marseillais. Au physique, un de ces blonds dont la vivacité sanguine se tempère d'une douce affabilité.

Né à Constantine (Algérie), le 12 février 1852, il n'en est pas moins, par sa mère, d'essence marseillaise. Marseille lui a d'ailleurs, depuis longtemps, donné fièrement son droit de cité.

Après dix-sept ans de navigation au commerce et à l'Etat, ayant entre temps fait la campagne 1870-1871, et, à son retour, celle d'Algérie, motivée par l'insurrection qui y éclata en cette dernière année, il obtint la médaille coloniale.

S'occupant depuis plusieurs années de questions maritimes ; ayant passé une bonne partie de sa vie au milieu de ce monde de gens de mer, monde qui constitue une des plus importantes branches de l'activité marseillaise ; directeur et principal rédacteur du journal *Le Colbert*, depuis 1888, époque où il fut nommé officier d'académie, Pétrier soutient vaillamment dans cet organe les revendications de la marine marchande, dont les intérêts sont si étroitement liés à ceux du commerce marseillais.

Par son dévouement et son honnêteté, il sut, à diverses reprises, attirer sur lui l'attention publique. Depuis 1884, il est vice-président et secrétaire du syndicat des capitaines au long cours de Marseille, dont il fut l'un des fondateurs, et, comme président des corporations maritimes du Midi, il fit partie, jadis, de la délégation des Chambres syndicales de France à Paris.

Conseiller municipal en 1887 et en 1892, Pétrier fit brillamment développer ses qualités administratives. Il soumit au Conseil, tour à tour, différents projets sur des questions les plus diverses, témoignant ainsi de son activité et de son zèle à la chose publique et à la chose maritime.

Comme journaliste, son style, quoique un peu prolifique, n'en est pas moins assez vif. Par son procédé d'écrire, l'écrivain arrive à rendre on ne peut plus compréhensibles à tous les questions parfois si obscures soulevées par la vexatoire législation maritime. Ne poursuivant d'ailleurs aucunement la réalisation d'une forme purement littéraire, Pétrier se contente de traiter les questions qui l'intéressent, non pas comme certains de nos confrères de la grande presse, avec des phrases seulement, mais tout au contraire avec force documents et preuves à l'appui, des dires avancés.

Activant le zèle de chacun, blâmant ceux-ci, louangeant ceux-là, se multipliant infatigablement, ne dédaignant rien de ce qui peut appuyer, certifier une conviction, une réclamation, défendre même un des moindres côtés de la cause, de la question qu'il plaide, le monde maritime a su depuis longtemps apprécier l'homme de valeur qu'il avait en Jules Pétrier.

PHILIP

D'une nature ouverte, loyale et généreusement affable pour tous, Philip est, parmi nos journalistes, un des plus sympathiques et des plus aimés.

Ses traits, violemment découpés, travaillés comme avec un ébauchoir, sont inoubliables. Sur sa face toujours prête à s'épanouir se détache un nez qui semble, tant il rougit volontiers, obéir à des sensations imprévues. De riches afflux de sang circulent, d'ailleurs, sur toute sa figure.

L'écrivain se révéla, jadis, dans les journaux satiriques *l'Oursin* et *la Lune*, qu'il fonda et dont il fut l'infatigable collaborateur. Sa mordante ironie, fine, mais pimentée, ayant attiré l'attention de M. Samat, il ne tarda pas à entrer comme secrétaire de la rédaction du *Petit Marseillais*.

Dans le journal, où l'ensemble des lecteurs a des idées si opposées, il put, dans la narration des faits divers de chaque jour, prendre, au kaléidoscope des événements, l'envergure suffisante qui lui eut permis de produire l'œuvre de longue haleine, que sa verve première nous avait fait espérer.

Habitué à une littérature facile, Philip ne s'est toutefois pas complètement immobilisé au *Petit Marseillais*. Propriétaire et principal rédacteur du journal théâtral *l'Avant-Scène*, chaque semaine il sème, en cette feuille, nombre de satires dont les traits pétillants font le régal de ceux qui, entre deux chansons, se reposent des mièvres productions débitées sur la scène.

Disons enfin, que, très spirituel en ses récits et en ses boutades, il excelle dans le genre cher aux fervents d'Armand Sylvestre, et que, n'employant jamais les violentes apostrophes de prosopée, il a su, jusqu'ici, éviter les bruyantes polémiques.

JULIEN PYANET

Un jour, en Corse, comme les bonapartistes reprochaient à Julien Pyanet d'être opportuniste, parce qu'il signait dans un journal de l'île à côté d'Emmanuel Arène, il répondit par une très simple mais pourtant fière autobiographie, dont nous extrayons les lignes suivantes :

« Sous l'Empire, à Marseille, entre les heures de classe du lycée, j'allais déjà, dans les bureaux du *Peuple*, de Gustave Naquet, renifler l'odeur de l'encre d'imprimerie.

« Pendant la période du 24 Mai, j'étais à l'*Egalité*, avec Gilly La Palud, Jules Guesde, Magon-Barbaroux et bien d'autres.

« Pendant la période du 16 Mai, j'étais secrétaire de la rédaction de la *Jeune République*, devenue depuis *le Petit Provençal*, que j'avais fondée avec Auguste Thomas et Clovis Hugues.

« Pendant le boulangisme, j'étais, à Toulon, rédacteur en chef du *Petit Var*, que j'avais aussi fondé en 1880, avec Dutasta.

« Voilà mes états de service ; ils consistent à avoir toujours écrit dans des journaux radicaux-socialistes ! »

Qu'ajouterons-nous à ces simples constatations ?

Julien Pyanet a bataillé aussi, à maintes reprises, à

Marseille et ailleurs, dans la presse littéraire et satirique.

Il a fait une campagne en Corse, que nous rappelions plus haut, à la suite de laquelle, pour la première fois, la majorité du Conseil général est devenue républicaine.

Rappelé au *Petit Provençal*, il y a remplacé Magon-Barbaroux et a été chargé de donner quotidiennement à ce journal sa note politique.

Dans ses articles, il allie la vigueur à l'ironie, et se tient généralement à une remarquable hauteur de vue qui le préserve de tomber dans les misères de la banalité politique.

Au physique : 42 ans; ne se fait pas de tête et ressemble à tout le monde.

Signe particulier : n'est pas officier d'Académie !

ALBERT PERRIMET

Il serait fastidieux d'insister sur cette espèce de prédilection marquée de Perrimet pour tout ce qui touche à l'art dramatique. Ardent polémiste, défenseur du « grand art » galvaudé, éreinté par les philistins de l'interprétation, il n'a, contre ces derniers, cessé, depuis de longues années, de prodiguer d'acerbes mais justes critiques, qu'appuyaient une longue pratique de la vie théâtrale et un goût très sûr, servi par un talent très souple.

Contre le fougueux critique, maintes fois de mesquines intrigues s'ourdirent; mais leurs incitateurs, cabotins de la scène : auteurs, artistes et directeurs fouaillés d'importance, se terrèrent prudemment. Bataillant tour à tour dans les journaux le *Masque, Le Bavard, L'Étincelle*, qu'il dirige, et le *Phare du Commerce*, où il collabore par intermittence, l'observateur scrupuleusement sincère qu'est Perrimet s'est acquis de nombreuses sympathies.

Ne se laissant pas griser par le succès ; connaissant par ambiance les revirements de certains enthousiasmes fragiles ; ne se confinant pas en ses maîtres articles de critiques, il s'essaya à créer à son tour. Son bagage littéraire est des plus importants : *Changement de domicile, la Folle du Logis, le Serin d'Hortense, Carambolages, le Premier Mari, Une Femme qui se lance, le Mauvais Œil*, *Quand on tient à la vie*, *Clodion*, *Un Raout chez Mlle Clarence*, *les Dessous d'un chapeau*, *la Tache d'huile*, *la Tête et le Cœur*, etc., sont des comédies ayant conquis la faveur des fidèles des théâtres de genre, *Gymnase* et *Variétés*.

Plein de verve, spirituel comme Gavroche, Perrimet, en ces diverses piécettes, pour la plupart écrites en collaboration avec quelques camarades, a su, tout en conservant à ses personnages une exquise exactitude, donner une perfection de forme, de sentiment et de pensée peu commune.

EUGÈNE ROSTAND

D'une élégance et d'une aménité peu communes, le directeur du *Journal de Marseille* est, en même temps qu'un polémiste auprès duquel la discussion courtoise ne le cède en rien à la forme littéraire, l'un de nos plus distingués économistes et l'un de nos plus féconds écrivains.

Licencié ès-lettres et droit, l'écrivain est doublé d'un savant à la phrase toujours sûre et précise. Auteur de nombreux ouvrages d'Economie politique, M. Eugène Rostand a, en un style bien personnel, alertement incisif, toujours poursuivi le but que tout jeune encore, il avait entrevu.

Ses ouvrages, reflets d'un cœur généreux toujours inquiet d'apporter les améliorations immédiates au sort malheureux de l'ouvrier, tendent de plus en plus à grouper les masses de ceux qui souffrent, en les préparant, par des essais pratiques, à de hautes conceptions de solidarité.

Ardent coopérateur, il publia plusieurs ouvrages à ce sujet, et, en développant l'idée qui devait donner naissance à la Société « La pierre du foyer », il sut, plus tard, par une conférence qu'il donna à la Bourse du travail, s'attirer certaines sympathies dans le milieu essentiellement ouvrier.

Comme directeur de la Caisse d'Epargne de Marseille, il réussit, d'un autre côté, à obtenir du Gouvernement la création, avec facilité de rachat, des habitations salubres à bon marché qu'il avait tant préconisée.

Certes, ses efforts au point de vue humanitaire ne tendent pas vers une complète réforme économique de la société, mais ils n'en sont pas moins des plus louables. Pour nous, qui respectons la pensée humaine dans toutes ses manifestations, nous reconnaissons que, partisan d'un sincère mouvement de progrès et de réformes, c'est avec une conviction assez communicative que M. Eugène Rostand a, en ses ouvrages sociologiques, exposé ses vues politiques et économiques.

Membre de la Société des études pratiques d'économie sociale, il publiait, il y a quelques années, un ouvrage intitulé : « *L'Action sociale par l'initiative privée* », pour lequel l'Académie des Sciences Morales et politiques lui décerna le prix décennal Marogues, fondé pour les travaux contribuant à l'amélioration du sort du peuple.

Dans cet ouvrage, qui contient de nombreux plans d'habitations ouvrières et de multiples documents devant servir à l'organisation d'institutions populaires, ce n'est pas sans une certaine science que l'auteur a essayé de démontrer, que, quoiqu'on dise, certaines réformes sociales pourraient sortir du domaine de l'hypothèse, pour entrer dans celui du fait acquis.

Né à Marseille, Eugène Rostand, qui est chevalier de la Légion d'honneur, tient, comme on le voit, une grande place tant parmi ses concitoyens, que parmi nos écrivains Marseillais.

ELZÉARD ROUGIER

Elzéard Rougier apparut à la vie littéraire vers 1880, tambour battant, mêche allumée ; il venait de publier un magnifique volume de vers : le *Journal du volontariat d'un an,* au style colorié et vague. Dans cette première œuvre, dont l'esthétique est encore incomplete et bornée, l'auteur y affirme son talent féministe et grisoyant. Depuis, son esthétique s'est complétée, sa coulée est devenue plus sûre, sa métrique plus savante.

Le *Journal du volontariat d'un an* est la vie militaire écrite au jour le jour, avec son baillonnement, son incarcération. Le jeune poète n'attaque pas l'armée, ce symbole horrifiant de la force primant le droit, entretenant l'ignorance, prônant l'absurde et la discipline, étouffant l'être doué : il note ses impressions et caricaturise timidement les figures glabres ou patibulaires des Ramollot de la caserne. Dans ce volume sont des pièces familières d'une réelle beauté, d'un bel essor, d'une grande allure.

Elzéard Rougier a collaboré un peu partout, surtout dans des journaux locaux. Citons le *Vingt-ans,* le *Pilori, Mireille,* l'*Etincelle,* les *Annales de Provence,* le *Midi libre,* le *Portique,* la *Revue Moderne,* le *Chat noir,* la *Revue littéraire et artistique,* et autres dont le titre nous échappe.

Il est l'auteur d'une foule de pièces dramatiques, d'un talent tout gracieux, parmi lesquelles : la *Procitane*, le *Manuscrit, Mort pour la Patrie*, dont le succès aurait dû décider le poète à tenter la fortune du théâtre ; il a en portefeuille d'autres comédies d'un genre différent : *La Nièce du chef de gare*, un épisode dramatique, qui sera prochainement joué au théâtre des Variétés ; *Henriette Smithson*, la grande amoureuse de Berlioz, aux vers simples, humains ; *La Reine s'ennuie*, d'une grande envergure, d'un beau souffle, d'une harmonie supérieure. La plupart de ces piécettes ne peuvent être jouées que dans un théâtre tout spécial, un Salon-Théâtre. L'auteur se propose de les publier en un volume sous le titre : *Théâtre intime*.

Elzéard Rougier a un goût tout spécial pour le ballet. C'est le ballet qui l'attire comme un magique aimant, et qui résume ses aspirations et ses rêves. C'est ainsi qu'il nous donnait dernièrement encore un ballet symphonique en un acte : *Callirhoë*, qui veut dire « belle source ». Ce ballet, joué au Grand-Théâtre de Marseille, a obtenu le plus vif des succès et a classé son auteur dans la phalange de librettiste de talent. Le ballet est pour lui la plus chaste manifestation de l'art lyrique, et il se passionne pour cet art. Le scénario de *Callirhoë* est simple et grandiose : C'est l'apothéose de l'amour, un culte rendu à la beauté, avec une extase supérieure, une poésie délirante.

Par la forme de son talent, Elzéard Rougier rappelle François Coppée, dont au physique il a tout le galbe. Il est étonnant combien il ressemble au poète du *Passant* et des *Intimités*. C'est le même profil glabre, pensif et doucereux, relevé d'une pointe d'esprit aux commissures de la lèvre supérieure. C'est un mystique, un religieux révolutionnaire. En politique, un libéral, si réellement il a une opinion politique, tant il s'écarte des agitations actuelles.

Ce n'est donc pas un brouillard, comme certains. C'est plutôt un féministe qui entoure sa pensée d'une douceur, d'une finesse peu mâle, ce qui lui donne une allure *sui-generis*. Cette féminité, d'ailleurs, l'inspire constamment, ses articles la subodorent toute. Il ne croit pas à la toute puissance de la chair, à ses entraînements. Il n'aime pas la chair splendide, mais dans son âme, ou ce qui peut être de son âme. Il a peut-être raison, car, au fond, pour connaître la femme, il faut l'aimer en féministe, et probablement Rougier l'aime mieux que nous.

Il dirige aussi une excellente revue : *La Revue lyrique et chorégraphique*, qui défend les choses du théâtre conçues au point musical. Cette revue est fort connue dans le monde artistique et bien appréciée.

Son premier roman : *Naufrage d'Amour*, est une étude de mœurs mystico-naturalistes : la chair et l'esprit y ont une large part. Ses autres romans paraissent sous ce titre général : *Les Etapes d'un Féministe*.

Le second : *Céleste Lepage*, mœurs de ballerines, eut un beau succès ; le troisième : *Paul Anghel*, mœurs religieuses, est attendu des féministes.

A donné en feuilleton dans le *Soleil du Midi*, journal dont il est rédacteur, un roman plein de verve et d'humour : *Une Vierge sous la Commune*, et publie de temps en temps des articles descriptifs dans le *Petit Marseillais*.

Il y a sous presse : *Les Féminités*, volume de vers chez Lemerre. Ce livre est un hymne d'amour en l'honneur de la femme habillée, qu'il trouve plus belle et plus voluptueuse que la femme nue. Les costumes de femmes joueront un grand rôle dans ce volume.

Elzéard Rougier est un poète idéaliste qui est cependant appelé à produire une œuvre à sensation. Nous avons pleine confiance en lui, et ses œuvres à venir auront certainement du penseur et de l'artiste.

MICHEL SAVON

Né en plein Marseille, capitale du soleil, le 19 avril 1856, il a l'enthousiasme et la sincérité qui façonnent les poètes aux moules primitifs de la beauté. Sorti de l'école primaire des frères, à l'âge de seize ans, n'a fait que des études très simples et n'a pu se nourrir sur la littérature antique, ce qui lui manquera toujours. Talent tout d'inspiration, de nature et d'instinct, sa guirlande poétique est curieuse, étant un mélange perpétuel et antithétique de rêves et de cauchemars, de réalité passant au trivial, d'élégance confinant au fantastique, épines faisant pendant à des roses, fantômes escortant des génies.

Fit ses débuts à la *Vedette*, où il publia en détail les *Indignations*, qui eurent en volume un très vif succès. Michel Savon était descendu du Parnasse, avec un relief étonnant pour flageller les travers de ses contemporains, et, soudainement pamphlétaire anacréontique, il charma ses lecteurs, qui s'abandonnèrent à la suite de ses héros ou de ses rêves. Vacquerie a dit des *Indignations* dans le *Rappel* : *Oui, c'est bien une œuvre de combat, amère, injuste, violente, incapable, mais il y a là en germe, j'en conviens, un talent de poète incontestable et qu'on peut saluer en passant.* Michel Savon a regretté depuis les violences de sa plume et voilà longtemps déjà que pour lui la politique est morte.

A appartenu de 1883 à 1885 à la *Gazette du Midi*, où il rédigeait la locale et publiait des poésies à l'emporte-pièce sous le titre : *Escarmouches !* Ces vers sont aujourd'hui absolument oubliés et par l'auteur et par le public. A sa sortie de la *Gazette*, collabore au *Soleil du Midi*, où il donne ses *chroniques du lundi*. Entre temps, publie dans le *Bavard :* la *Chanson des bébés* et le *Livre des Aimées*. Le premier de ses recueils a largement contribué à sa réputation. Toutes ces fantaisies, revues et expurgées, formeront le texte d'un volume de luxe en préparation : *La Muse à genoux*. Fera paraître chez Dentu, dans le courant de l'année prochaine, son premier roman : *Mureille Cladot*, roman dont l'exécution est sereine et les tons fins, diamantés, argentés.

Michel Savon n'a jamais écrit de pièces de théâtres, mais a fait applaudir aux *Variétés* un Prologue d'ouverture ; au *Gymnase*, deux morceaux d'à-propos : *A Victor Hugo !* *A Carré !* Au *Palais de Cristal :* *A Rouffe !*

Son nom est intimement lié depuis dix à douze ans au mouvement littéraire marseillais. Il a été l'un des fondateurs du *Portique* et l'un de ses présidents. Fut, lors de sa fondation, secrétaire particulier du *Syndicat de la presse marseillaise.*

Horace Bertin a dit de lui dans *Bustes et Masques :* « C'est un confrère d'une tolérance rare en matière d'opinions. Instinctivement bon et serviable, Michel

Savon, au plus fort de la lutte, a su respecter toujours les personnalités. »

Michel Savon est au demeurant un confrère loyal, droit, sympathique et qui n'a que des amis.

Son prochain livre : *Au Pays du Rêve*, est impatiemment attendu par tous.

FERDINAND SERVIAN

Sachant, en de descriptifs tableaux d'une virtuosité de nuancements appréciatifs, communiquer avec un véritable frisson d'art une sensation très juste du beau, Ferdinand Servian est un écrivain qui longuement cisèle, et surtout un critique se recommandant par une belle franchise et une grande courtoisie.

Jeune encore, l'écrivain, des mieux doués, possède les qualités nécessaires pour arriver à une brillante réputation. Son bagage littéraire, quoique des plus modestes, n'en est pas moins déjà très important. Nous connaissons de Servian plusieurs chroniques littéraires publiées dans l'*Etincelle* ; plusieurs études appréciées des nombreux lecteurs du *Dimanche* ; des croquis de Provence, frappants de réalité, insérés dans la *Cornemuse* ; différents articles que nous avons lus dans le *Phare du Commerce*, articles dénotant une certaine compétence sur les sujets ardus de la politique extérieure, et, enfin, de belles critiques d'art, qui sont un modèle du genre, et que l'auteur a bien voulu extraire de l'intéressante publication : l'*Indépendance du Midi*, pour les faire éditer en d'élégantes brochures.

En une analyse fleurant le sentiment du beau, l'écrivain s'y complaît en des caresses de style dont la forme précieuse et raffinée est un régal pour l'esprit. S'élevant au-dessus des choses menues, le critique, humble serviteur de la vérité, sait relater en quelques pages, et avec une scrupuleuse impartialité, les impressions que son observation vagabonde a pu relever. Ses dissertations, bâties à chaux et à sable, s'appuyant sur des conclusions d'une tenue parfaite, que relève la valeur des matériaux amassés, sont nettes, précises et solidement étayées.

La nature est par lui mentalement réveillée ; les fleurs écloses comme par enchantement en des figures imagées. Grand découvreur de détails ignorés, le goût, chez Servian, est aisément remué. N'assénant pas des éloges écrasants, sans crainte il lui est permis de critiquer ceux qui, forts d'une renommée acquise, fournissent, sans souci pour l'art, de mièvres productions. Se gardant, comme il l'écrit lui-même, « de tremper sa plume dans le miel corrompu de la louange à outrance ou dans le fiel de l'injustice, » il sait apprécier les talents réels et aider les inconnus d'hier à devenir les connus de demain, comme il a su se consacrer à l'œuvre de réparation et de justice qui se poursuit en faveur du « Michel Ange Marseillais ».

Pierre Puget au Musée de Marseille est une étude dans laquelle est envisagée l'œuvre du grand sculpteur. Cette petite brochure, qu'accompagne un portrait hors texte de l'illustre artiste par le peintre José Silbert, est un hommage rendu à l'auteur de tant de merveilleux chefs-d'œuvre. Servian s'est attelé à cette belle besogne avec toute l'ardeur de son admiration ; il y a quelque temps encore, dans le but d'attirer l'attention publique sur le comité formé pour l'érection d'un monument vraiment digne de la reconnaissance de Marseille, il fit une conférence remarquée, au groupe les *Mardistes*, dans laquelle il envisagea d'une remarquable façon tout Puget et son œuvre.

Comme on le voit, Servian est un énergique et un obstiné en ses vues vers le complet épanouissement des admirations pour le grand art et ses véritables enfants.

STELLO

Stello est le pseudonyme, fort peu connu d'ailleurs par lui-même, sous lequel est cachée pour tout le monde la personnalité très discrète d'un simple amateur de bonnes lettres. Le nommer serait non seulement inutile, puisqu'il n'apprendrait rien à personne, mais inopportun, car il se montre toujours aussi peu soucieux de faire du bruit que d'autres peuvent l'être de devenir... officiers d'académie. L'une et l'autre fantaisies sont, en somme, inoffensives et doivent être respectées.

Si furtivement qu'ait passé la silhouette de Stello, — on pourrait presque dire son ombre — parmi les physionomies dont se compose le musée de la presse marseillaise, nous avons cru qu'il ne serait pas sans intérêt, en notre souci documentaire, de faire un croquis de cette figure-là. Nous allons donc le faire en petit format et le placer dans un coin modeste ; c'est la place qui, sous tous les rapports, convient à ce tranquille et à cet obscur, qui est, d'ailleurs, depuis quelques années, un disparu, et qui ne saurait pas même être un oublié, n'ayant jamais bien cherché à compter parmi ceux dont on se souvient.

Après avoir été dans ses classes, comme tant d'autres, un fort en thèmes, et avoir obtenu son parchemin de bachelier — modeste triomphe — l'inconnu dont il est ici parlé a demandé le *quod satis* de son existence

matérielle à l'une des grandes administrations de l'Etat ;
il y occupe aujourd'hui un poste bien au-dessus de ses
désirs, et, suivant lui, de ses mérites. Comme il aime
passionnément la littérature, la musique et ces arts
jumeaux qui sont ceux du peintre, du sculpteur et
du graveur, et comme il n'y a point de plus grand
plaisir — en ces matières — que de parler de ce que
l'on aime, Stello s'est tout doucement trouvé amené à
prendre la plume de l'*essayiste*, mais en *miniscule*,
pour écrire le plus conformément à ses goûts. Feuil-
leter, en compagnie des lecteurs d'un journal ou d'une
revue, un livre qui plaît ou déplaît ; tâcher de rendre
l'impression produite par un tableau, un morceau de
sculpture, un ouvrage lyrique ou dramatique, voire
même simplement indiquer dans quelles conditions
cet ouvrage fut interprêté sur telle ou telle scène, et
dire son avis là-dessus le plus impartialement possible — en l'écrivant correctement, si faire se peut —
ces tâches ont suffi à l'ambition du modeste Stello,
et il s'est délecté en s'imaginant quelquefois les avoir
remplies de façon à pouvoir croire qu'il avait, dans sa
sphère, formulé proprement une opinion saine.

Un collectionneur émérite découvrirait, dans un
petit journal de jeunes qui parut en 1880-81, quelques articles de chronique littéraire, signés *Stello*, ainsi
qu'une toute petite nouvelle (réimprimée plus tard
dans un petit journal de Nice) ; quelques autres chroniques du même genre, dans feu *le Causeur*, dans *l'E-
tincelle*, et, à ce journal, des comptes-rendus hebdoma-

dairés des représentations du Grand-théâtre (saisons 1885-86). Cette dernière année, entrée à *la Petite Revue* (alors *du Midi*), dirigée par Advinent, par des chroniques de quinzaine : exposition de peinture, questions d'art, puis, dans cette même *Revue*, jusqu'en 1891, feuilleton des soirées du Grand-théâtre, en même temps que des chroniques d'art (livres, tableaux, etc.).

Pour ne rien omettre : quelques articles dans *la Revue Lyrique et Chorégraphique*, publiée il y a une dizaine d'années.

Ainsi que nous l'avons fait entrevoir tout à l'heure, Stello s'était fait une ambition d'arriver à expliquer ses idées en un français correct. Il a fini par s'apercevoir que c'est beaucoup trop difficile pour ses faibles moyens.

VALÈRE BERNARD

Valère Bernard est un des plus modestes et des plus originaux talents marseillais. Avec une simplicité regrettable, il travaille opiniâtrement et sans relâche à l'œuvre réellement artistique pour laquelle l'avaient désigné son cœur de poète et son âme d'artiste. Il est, en effet, poète et peintre avec une telle intensité, une telle fougue, qu'on ne sait lequel des deux êtres qui sont en lui est supérieur à l'autre. Cependant, ils ont, à n'en pas douter, un point très caractéristique de ressemblance : la vigueur. Son procédé, bien personnel, ne rappelle en rien celui des faiseurs de sentiment, des acrobates de l'idée et des limeurs de phrases. Avant de plaire à la masse, Bernard cherche avant tout à rendre la vérité, à sentir ce qu'il écrit, à peindre ce qu'il voit ; et il y réussit. Que ce soit sur la toile ou sur le papier, avec le pinceau ou avec la plume, il grave magistralement l'empreinte de sa pensée.

Comme écrivain, dans sa *Bagatouni*, comme dans ses scènes de la *Pauriho*, il a su montrer avec effet les misères du peuple, les affres de la faim, le poignard de la honte, l'ivresse de la passion ; il s'est gaussé des bourgeois endurcis et a pleuré avec les pauvres sensibles. Son style sans images, épuré du fatras des mots sonores, mais juste en la description des choses vues et vécues, a la résonance vengeresse des cuivres.

Qu'il prenne la palette, Valère Bernard ne change pas. L'idéal est immuable en lui. L'artiste arrive précis, fidèle observateur des tons et des nuances, en dépit des fioritures et des enjolivements. Sous ses doigts, le pinceau va déversant des flots de lumière douce dont l'harmonie fait songer à Puvis de Chavannes. Mais, le poète ne saurait perdre ses droits ; il est là qui conseille et parle au peintre. Et ce sont alors des tableaux puissants, comme le *Départ du Guerrier*, des estampes farouchement fouillées, comme la *Guerre* ; en lesquelles un art vigoureux a tracé, avec un coloris sombre, dans l'enchevêtrement d'êtres fantasques, l'horreur des potentats et la souffrance des esclaves.

GASTON VIAN

Gaston Vian est un des rares écrivains possédant, avec les connaissances profondes du métier prosodique, les brillantes qualités de coloriste et d'observateur ; deux qualités qui font de lui un littérateur de race et une personnalité marquante.

Si l'originalité est la vertu des artistes, ceux qui le connaissent doivent s'étonner de voir combien se reflètent en lui les assombrissements les plus noirs et les visions les plus joyeuses ! Combien dédaignant la trivialité et la rêverie oiseuse, il aime le visible et le réel, cherchant ainsi dans la nature des choses l'idéal que nos devanciers cherchaient hors d'elle. Comme tous ceux de la jeune génération, il s'est formé pour cela une méthode, dont nous allons essayer de donner ici une idée approximative, dans les catégories fondamentales du style créé.

En *grammaire*, il semble mettre une importance capitale à la ponctuation, qui est pour lui tout le style ! Les signes ponctuels étant, en effet, les piédestaux où la pensée s'érige dans sa clarté.

Pour la *logique*, il a deux méthodes :

Méthode de roman, d'études littéraires : observations directes des effets, deux yeux calmes et longuement fixés sur la réalité.

Méthode d'invention : l'association des idées similaires à l'idée à traiter et la déduction des conséquences;

il semble chercher les faits jusque dans leur antre reculé ; il s'attache aussi à étudier tous les métiers pour y prendre des mots, des métaphores flamboyantes de vérité.

En *métaphysique*, il aime la nature éperdument, il semble voir un regard aux choses. La campagne l'a toujours attendri, nous disait-il dernièrement. — Il aime les enterrements à l'église, qui lui paraissent de belles métaphores évoquant un Dieu subjectif, humainement grandiose.

En *psychologie*, il sent beaucoup. La sensation s'irradie dans ses chairs vibrantes, comme un arc, et sonne comme un glaive.

Comme on le voit, sa méthode est simple et largemement vêtue ; elle est imprégnée d'une vigueur absolument personnelle. Elle est sans façon avec le sang à la peau et les lèvres épanouies ; son geste est brutal, abondant, et elle parle comme elle sent, à la bonne franquette.

Gaston Vian est un Marseillais de Marseille, blond et brun à la fois, de taille très élancée, l'air d'un soldat de l'idée, d'un apôtre toujours prêt à mettre flamberge au vent pour soutenir et défendre ses principes. Nerveux, il est la mélancolie même, mais une mélancolie gauloise et sarcastique ; ce qui ne l'empêche pas de sourire et de rire quelquefois à grand éclat. La vie lui apparaît comme un combat, et il ne cache pas sa façon de penser; surtout lorsqu'il s'agit de tomber sur les optimistes et les sceptiques.

Nous avons connu Gaston Vian chez Fernand Mazade, il y a quelques années. Gaston Vian venait chez l'auteur de *Le Missel du péché*, poser les bases d'une société littéraire, artistique, gastronomique, dont il avait trouvé le titre : *L'Arbouse*, et à qui nous avions tous prédit une mort prématurée. Le fait est que la société nouvelle, qui comptait parmi ses membres tous les poètes et tous les gourmands marseillais, ne vécut que l'espace d'un..... dîner. Elle mourut d'une indigestion de ballades.

Ceci tuera cela. Nous ne savons si ceci c'est la poésie; mais nous n'affirmons pas que cela soit les lièvres et les poulardes! Quoiqu'il en soit, si nous nous sommes étonné de la mort de l'*Arbouse*, nous savons que Gaston Vian contribua beaucoup à sa naissance. Mais bast! les parrains ne sont pas responsables du décès de leur filleul. Personne n'a pleuré la mort de l'*Arbouse*, pas même Fernand Mazade, qui lui fit cette épitaphe en souriant :

Elle aimait trop
Chanter
C'est ce qui l'a
Tuée !

Gaston Vian débuta relativement fort tard, mais il a tant fait qu'il a rattrapé le temps perdu ; rien ne sert de partir à temps, il faut courir en littérature.

Gaston Vian a collaboré au *Mondain*, au *Nouveau Parti*, à la *Célébrité contemporaine* et à quelques petits journaux littéraires. Ses articles ont toujours été fort remarqués par la vigueur du style et l'éclat de la pensée. Il a une foi invincible aux lettres, à l'art, qui lui paraît le seul dogme immuable en ce monde, la seule projection vers l'avenir, le suprême devoir de tout être. Pour sa part, il s'est exercé sur un nombre infini de sujets, et nous pouvons dire que dans tous il s'est distingué. Portraits, boutades, paysages, sarcasmes, rêveries, pensées d'art, cris de passion, cris de douleur, soupirs de mélancolie, méditations, etc., etc. ; tous les sujets traités par lui portent la marque de sa fabrique, le sceau d'un sublime artiste que l'avenir appréciera.

Gaston Vian a en outre plusieurs romans sur la planche, romans qui feront du bruit. Nous avons eu l'avantage de lire le tragique *Adultère à bord*, roman brutal et mélancolique dont une partie a été publiée par le *Petit Mousse*, journal maritime. Ce livre est écrit dans un langage brutal, il est vrai, mais vierge d'obscénité et de dureté. La phrase gifle comme une ironie et écrase comme une férule à clous. Enfin, dans cette œuvre, l'auteur innove une littérature presque nouvelle de mers et de marines.

Viennent ensuite les *Epopées antiques et les Epopées françaises*, où sa plume se pourfend contre les universitaires lâchement dissipateurs de notre littérature et contre les idoles vermoulues et démodées.

En somme, Gaston Vian est un révolté contre la Société actuelle, et toutes ses œuvres sont une croisade en faveur du droit et des opprimés.

CHARLES VINCENS

Voltaire a dit de l'Académie de Marseille que c'était « une fille sage qui ne faisait pas parler d'elle. » Sous cette plume illustre, le mot a fait fortune ; mais certes, il n'en faut pas conclure que les membres de cette compagnie soient dénués de toute valeur, ou remarquables seulement par cette médiocrité qui est, dans les lettres, une chose affligeante entre toutes.

A toutes les époques, des littérateurs et des savants illustres ont ambitionné de faire partie de l'Académie de Marseille ; et Voltaire lui-même, — qui fut élu le 12 janvier 1746, — Louis Racine, Monthyon, Portalis, Chamfort, Lamartine, Leverrier, et bien d'autres célébrités, figurent sur le tableau de cette si ancienne compagnie, où l'on compte encore aujourd'hui des esprits distingués, pleins de culture, épris passionnément du Beau sous ses multiples formes, et qui font grand honneur à cette Phocée où le génie grec a marqué son empreinte.

Charles Vincens, ancien directeur de l'Académie des Sciences, Lettres et Arts de Marseille, est de ceux-là.

L'Académie s'est honorée, quand elle a donné en 1883 le fauteuil d'Auguste Morel à ce fin critique, à ce dilettante accompli, à ce parfait homme du monde. Rarement, en effet, personnalité d'art fut plus sympathique, plus considérée, plus répandue.

Une tête qu'on n'oublie pas, un visage expressif, ouvert, encadré de favoris abondants, toujours taillés avec un soin visible, et de grandes moustaches ; un regard d'une mobilité, d'une vivacité où l'intelligence éclate, constamment en éveil ; un front large où l'on sent à son aise la pensée. Grand, robustement taillé, puissant d'épaules, un mâle enfin. — Avec cela, un charmeur, un gentleman de race, avec cette finesse d'allures, cette élégance de manières que les sacs d'écus des parvenus ne donneront jamais, — heureusement — à leurs détenteurs plus ou moins probes. Sa courtoisie est presque légendaire, et, dans son sourire, il y a tant d'amabilité, tant de bonté qu'on est conquis d'emblée. Privilège enviable, n'est-ce pas, dans les relations multiples d'ici-bas, que celui de séduire ainsi à bout portant.

Charles Vincens est né le 15 octobre 1833, d'une très ancienne et très notable famille de Marseille, qui de tout temps apporta sa pierre à l'édifice d'honneur de la cité.

Dans son rapport sur la candidature de Charles Vincens dans la classe des Beaux-Arts, Alexis Rostand disait le 16 mai 1883 : « *Son titre principal à la bienveillante attention de la Compagnie est sa longue collaboration comme critique d'art à la* Gazette du Midi. »

C'est, en effet, dans le feuilleton musical de cette feuille, que Charles Vincens, sous le pseudonyme transparent de Karl Cisvenn, conquit de haute lutte la notoriété.

Tous les raffinés, tous les gourmets, ont présente à l'esprit la REVUE MUSICALE, qui occupe le rez-de-chaussée du journal. Sous une forme élégante, châtiée, M. Charles Vincens publie, de novembre à mai, tous les quinze jours, des articles traitant de la musique et ayant trait soit à des œuvres méritant d'être signalées au public, soit à des événements qui soulèvent des questions d'un intérêt artistique particulier, comme, par exemple, *les modifications apportées à l'organisation administrative et à la direction technique du Conservatoire.*

Alexis Rostand continuait en mentionnant les études les plus saillantes, en ayant soin d'omettre, par modestie, celles dont ses œuvres à lui avaient fait l'objet. Nous citerons tout particulièrement celles sur *Les Concours de professeurs à l'école communale de Musique ;* sur *les Tendances de l'Art musical en France ; Aïda et la nouvelle manière de Verdi ; La splendeur des décors et l'infériorité de l'art lyrique ;* sur *le sentiment artistique du public Marseillais ;* sur *l'Inutilité des concours d'opéras; sur la Symphonie Pastorale ; sur la nécessité pour le Gouvernement de subventionner les Concerts populaires de la Province ; sur un projet de Concerts Historiques ; sur la Légion d'honneur accordée aux comédiens et aux chanteurs* — un sujet qui avait alors un regain d'actualité ; — sur *l'avenir de la Société des Concerts Populaires ; le caractère des chansons de Nadaud ; la Symphonie Fantastique de Berlioz ;* sur *les Concerts spirituels, leur origine ; sur Wagner ; sur les appointements* des chanteurs d'autrefois et ceux d'aujourd'hui ; l'art aristocratique ; sur les qualités d'un bon chef d'orchestre, etc.

On peut juger par là de la variété des études publiées par Charles Vincens dans la *Gazette du Midi*. Quelques-unes d'entre elles furent si remarquées à l'étranger, qu'elles furent traduites en italien et même en portugais.

Enfin, l'éminent rapporteur indiquait que, en dehors de sa collaboration périodique, le candidat à l'Académie avait donné au Journal Musical divers articles sur la *Société de Quatuors*, les *Concerts du Cercle Artistique*, les *Anciennes salles de spectacles à Marseille, depuis la fin du XVIme siècle*, et publiés en 1872, et une brochure palpitante d'intérêt *sur notre Conservatoire de Musique*.

Entre temps, Ch. Vincens avait fourni encore à la *Gazette du Midi* de brillants travaux analytiques sur des ouvrages concernant les Beaux-Arts : la *Curiosité*, les *Collectionneurs*, parmi lesquels il faut citer celui sur la *Physionomie du Curieux* et des comptes-rendus d'œuvres purement littéraires, comme les *Noces fantastiques*, etc., etc.

Le bagage, on en conviendra, était joli.

De plus, le fauteuil brigué par Charles Vincens était celui-là même qu'avait occupé le regretté Auguste Morel. On ne manqua point de rappeler, avec un à-propos touchant, que le défunt, comme directeur de notre Ecole de Musique et de Déclamation, avait eu longtemps pour secrétaire le délicat critique. Il parut tout naturel à l'Académie de donner la place laissée vide au collaborateur infatigable et dévoué, à l'ami toujours fidèle.

Bref, le jeudi 26 juillet 1883, Charles Vincens était élu.

Tous les journaux de Marseille et de la région applaudirent à ce choix intelligent dans les termes les plus flatteurs pour le nouvel académicien, et, sans distinction de partis, on y rendit hommage.

Depuis, Charles Vincens, — c'était prévu, — a toujours été tenu en très haute estime par ses pairs. Dussions-nous blesser sa modestie native, nous avançons qu'on ne saurait sans injustice lui appliquer le vers fameux :

Tel brille au second rang qui s'éclipse au premier !

Il n'a cessé d'être, en effet, pour l'Académie de Marseille une recrue précieuse. L'activité, le besoin d'action, qui est le trait dominant de sa nature, il les a mis au service de ce corps savant. Chancelier avant l'heure, et enfin Directeur, Charles Vincens a brûlé les étapes.

Essayons d'indiquer brièvement son rôle dans notre aéropage marseillais.

A la séance publique du 11 mars 1888, Ch. Vincens donne lecture d'un rapport sur l'*Attribution du prix*

Beaujour à la Statuaire. Après l'histoire de celle-ci, il fait ressortir la dignité constante qu'elle garde dans sa marche ascendante ; le rapporteur s'écrie à bon droit, avec la sincérité qu'on lui connaît : « *Aujourd'hui même, où la peinture a ses impressionnistes et la littérature ses décadents, l'art de la Statuaire a le mérite de rester ferme et pur ; et c'est la pureté du ciseau qui fera toujours le charme d'une statue.* »

Ce rapport, vrai monument d'érudition, fourmille d'ingénieux, de délicats aperçus. Il montre surtout la modestie de son auteur, qui prétend être en sculpture ce que sont les gens qui adorent la musique, sans être le moins du monde musiciens. Marseille y est dépeinte, et c'est justice, comme toujours amoureuse des arts. Ch. Vincens dit spirituellement, à qui l'accuserait de trop chérir sa ville, qu'il n'a garde d'insinuer seulement que la *Méditerranée se jette dans le Rhône,* mais que c'est son devoir pourtant de rester dans la mesure de la vérité et de l'histoire. Et quelle légèreté, quelle souplesse de plume, quelle encourageante bienveillance il apporte à ménager tous ceux qui n'ont pas emporté la palme !

Le 28 décembre 1890, *Eloge du Docteur Rampal,* membre de la classe des sciences. Ce discours, vibrant d'affectueuse franchise et d'amitié, est un de ses meilleurs. L'éminent praticien méritait bien pour couronne mortuaire ces fines fleurs de rhétorique.

En février 1891, lecture d'une *Notice sur M. A.*

Clapier, ancien député, membre également de la classe des sciences. Là, Ch. Vincens exerce sa verve satirique et son humour sur nos mœurs électorales, où il y a place plus encore pour la pitié que pour le blâme. Ne soyons pas surpris de son dédain pour l'écœurante politique : Ch. Vincens s'y fût amoindri, diminué. L'Art, les Lettres et leurs splendeurs sereine, l'ont retenu. Qui songerait à s'en plaindre ? — Cependant, cette notice, très soignée, témoigne, elle aussi de vastes ou profondes connaissances en économie politique.

Citons encore ses notices sur Eugène Lagier, le portraitiste estimé ; sur Letz, l'architecte au talent plein d'élégance ; sur M. de Carné, officier de marine doublé d'un littérateur, et enfin, ses Réponses pleines de tact et d'esprit aux discours de réception de nouveaux Académiciens : à M. le Dr David, un bactériologue distingué, Prou-Gaillard, un économiste chrétien, au Dr Mireur, un savant praticien, à Alph. Moutte, le peintre délicat, élève de Meissonnier. Dans ces discours académiques, Ch. Vincens abordait les sujets les plus divers, science, art, morale, littérature, avec une aisance qui témoigne d'un esprit très ouvert, et le style a cette distinction, cette élégance châtiée qui caractérisent le genre.

Le 26 mars 1892, Ch. Vincens lance une publication ayant pour titre : *Un quiétiste Marseillais, précurseur de Molinos et de Fénelon*. Dans cet ouvrage, il venge François Malaval de l'injuste oubli dans lequel sa mémoire est tombée. Un livre de Malaval eut, en effet, un succès retentissant, en plein xviie siècle. Il s'appelait : *La pratique facile.* Ch. Vincens le remet en pleine, en complète lumière. Une partie de son étude a trait aux œuvres de ce méconnu, l'autre à l'histoire de sa famille, une des plus anciennes de Marseille. L'indiscutable mérite de cette œuvre est de jeter un jour nouveau sur le quiétisme en France que bien des gens ne faisaient pas remonter plus haut que Molinos et Fénelon. Les patientes, les laborieuses recherches de l'auteur ont permis de contater l'influence du livre de Malaval sur les instaurateurs du quiétisme.

Un autre travail curieux de Ch. Vincens, lu en Sorbonne par lui-même, en mai 1890, à la 28e réunion des Sociétés savantes, a pour titre : *De l'iconographie de Sainte Anne et de la Vierge Marie à propos d'une statue du XVe siècle,* qui se trouve dans l'église des Pennes (Bouches-du-Rhône). L'auteur fait part, avec un véritable luxe de détails, de cette découverte fournissant un document nouveau, inattendu, pour l'iconographie de sainte Anne, non encore faite. Cette statue des Pennes est, en effet, unique au point de vue de la figuration de sainte Anne. — La Société pour l'Avancement des Sciences publia plus tard ce travail de Ch. Vincens.

Il est à noter que Ch. Vincens, toujours passionné pour sa ville natale, pour son Marseille affectionné, se préoccupe surtout de lui rendre le sort plus prospère, plus doux. Il s'évertue, en fils modèle qu'il est, à lui procurer tous les priviléges, toutes les immunités. Egoïsme charmant, n'est-ce pas ? et bien fait pour valoir à ce Marseillais de race l'affectueuse estime de ses compatriotes. Nous ne saurions trop insister sur l'idolâtrie profonde, invincible, de l'académicien pour le coin de terre ensoleillé où il est né, où ses ancêtres ont vécu et fini.

Nos vieilles familles marseillaises ont des traditions qui sont un apanage précieux. Toutes les vertus s'y font aimables, hospitalières, enjouées. La dignité de la vie n'exclue pas le sourire, l'entrain des réceptions, l'éclat des fêtes.

Un grand poëte a dit en prose « *qu'après l'azur du ciel, ce qu'il y a de plus doux pour l'homme, c'est sa maison.* » Ch. Vincens le sait mieux que tout autre. Il s'est bâti le « *home* » rêvé, la demeure exemplaire.

Nous savons là, près de l'épouse radieuse, un fils à l'intelligence vive, et deux jeunes filles adorables de beauté, de grâce et d'innocence. Elles sont l'orgueil de l'académicien, ces fleurs vivantes poussées au soleil du plus parfait hymen. Leur parfum repose, à coup sûr, Ch. Vincens, le soir venu, la journée finie, de l'aridité des affaires. Nous estimons qu'il doit commenter volontiers le joli vers fameux :

Tout bonheur que la main n'atteint pas n'est qu'un rêve !

Le bonheur ! il est bien là, dans sa main.

TABLE DES MATIÈRES

www.ingramcontent.com/pod-product-compliance
Lightning Source LLC
Chambersburg PA
CBHW052101090426
42739CB00010B/2270